T0047010

CHILDREN'S

Spanish • English

Visual DICTIONARY

sourcebooks
eXplore

Índice de contenido

Cómo utilizar este diccionario • *How to use this dictionary* **6-7**
Apoyo lingüístico • *Language support* **8–9**

Gente y hogares • *People and homes*

La familia y los amigos • *Family and friends* **10–11**
Tu cuerpo • *Your body* **12–13**
En tu cuerpo • *Inside your body* **14–15**
Los sentidos y los sentimientos • *Senses and feelings* **16–17**
La casa • *Home* **18–19**
Los artículos de la casa • *Household objects* **20–21**

Alimentos y ropa • *Food and clothing*

Comida y bebidas • *Food and drink* **22–23**
Todo tipo de comida • *All sorts of food* **24–25**
Frutas y verduras • *Fruit and vegetables* **26–27**
Ropa de diario • *Everyday clothes* **28–29**
Todo tipo de ropa • *All sorts of clothes* **30–31**

Colegio y trabajo • *School and work*

En la escuela • *At school* **32–33**
Todo tipo de trabajos • *All sorts of work* **34–35**
Equipo y ropa de trabajo • *Work equipment and clothing* **36–37**

Deportes y ocio • *Sports and leisure*

Deportes • *Sports* **38–39**
Deportes en acción • *Sports in action* **40–41**
Juegos y pasatiempos • *Games and leisure* **42–43**

Artes plásticas, música y espectáculos • *Art, music, and entertainment*

Artes plásticas y manualidades • *Art* **44–45**
Instrumentos musicales • *Musical instruments* **46–47**
Música y baile • *Music and dance* **48–49**
Televisión, cine y teatro • *TV, film, and theatre* **50–51**
Programas de televisión y películas • *TV shows and films* **52–53**

Viajes y medios de transporte • *Travel and transport*

Vehículos de pasajeros • *Passenger vehicles* **54–55**
Vehículos pesados • *Working vehicles* **56–57**
Aeronaves • *Aircraft* **58–59**
Buques, barcos y otras embarcaciones • *Ships, boats, and other craft* **60–61**

Contents

Ciencia y tecnología • *Science and technology*

Energía • *Energy and power* **62–63**
Todo tipo de materiales • *All kinds of materials* **64–65**
Edificios y estructuras • *Buildings and structures* **66–67**
Fuerzas y máquinas • *Forces and machines* **68–69**
Computadoras y dispositivos electrónicos • *Computers and electronic devices* **70–71**

Animales y plantas • *Animals and plants*

Mamíferos • *Mammals* **72–73**
Animales domésticos • *Working animals* **74–75**
Reptiles y anfibios • *Reptiles and amphibians* **76–77**
Peces • *Fish* **78–79**
Animales marinos • *Sea creatures* **80–81**
Insectos • *Insects* **82–83**
Animales nocturnos • *Nocturnal creatures* **84–85**
Aves • *Birds* **86–87**
Árboles y arbustos • *Trees and shrubs* **88–89**
Todo tipo de plantas • *All sorts of plants* **90–91**

La Tierra y el medio ambiente • *Planet Earth and the environment*

Pueblos y ciudades • *Towns and cities* **92–93**
En la calle • *On the street* **94–95**
En el campo • *In the country* **96–97**
Paisajes y hábitats • *Landscapes and habitats* **98–99**
El tiempo • *Weather* **100–101**
Contaminación y conservación • *Pollution and conservation* **102–103**
La Tierra • *Planet Earth* **104–105**

El espacio y los viajes espaciales • *Space and space travel*

El sistema solar • *The solar system* **106–107**
Viajes espaciales • *Space travel* **108–109**

Los números y las unidades de medidas • *Counting, numbers, and measurements* **110–111**
El calendario y la hora • *Calendar and time* **112–113**
Los colores y las formas • *Colors and shapes* **114**
Opuestos y palabras de posición • *Opposites and position words* **115**

Índice español • *Spanish index* **116–121**
Índice inglés • *English index* **122–127**

Cómo utilizar este diccionario

Este diccionario está lleno de palabras útiles, y es también un libro informativo. Te ayudará a descubrir más cosas sobre el mundo y a la vez aprenderás palabras nuevas en los dos idiomas.

This dictionary is packed with useful words, and it is also an information book. It will help you find out more about the world at the same time as you are learning new words in two languages.

¿Cómo está organizado? • *How is it organized?*

El diccionario se divide en 10 temas, incluyendo Gente y hogares, Colegio y trabajo, Animales y plantas, Ciencia y tecnología y muchos más. Cada tema dedica varias páginas a diferentes aspectos del mismo, como La familia y los amigos, Tu cuerpo y Los sentidos y las emociones.

The dictionary is divided into 10 topics, including People and homes, School and work, Animals and plants, and Science and technology. Within each topic there are pages on different subjects, such as Family and friends, Your body, and Senses and feelings.

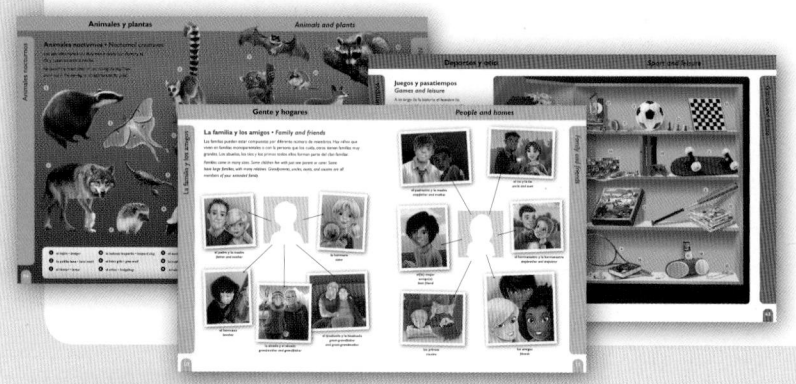

Puedes buscar un tema en el que estés especialmente interesado y leerlo hasta el final, o puedes buscar en el diccionario.

You can find a topic that especially interests you and work right through it, or you can dip into the dictionary wherever you want.

¿Cómo buscar una palabra? • *How do I find a word?*

Hay dos formas de buscar una palabra.

There are two ways to search for a word.

Puedes buscar los temas en la página del Índice de contenido.

You can look through the topics on the **CONTENTS PAGE.**

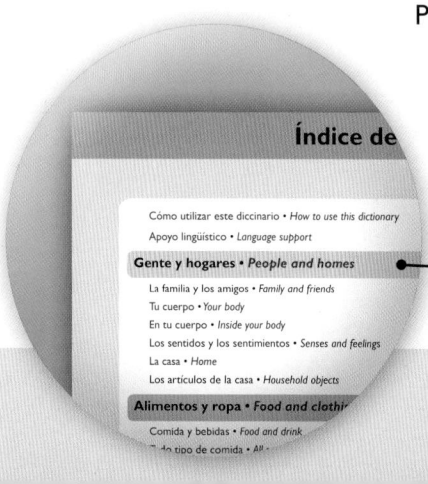

Cada tema utiliza un código de colores.

Each topic is color-coded.

How to use this dictionary

Cómo utilizar el diccionario • *Using the dictionary*

En cada página, se introducen las palabras utilizando ilustraciones, escenas y diagramas con etiquetas. Así es fácil encontrar la palabra que se busca, y al mismo tiempo descubrir muchas más.

On each page, words are introduced through lively images, scenes, and labeled diagrams. So it's easy to find the word you need – and discover many more words along the way.

Los recuadros ofrecen vocabulario más completo.

Feature panels give more in-depth vocabulary.

La barra lateral identifica la materia a tratar.

Side bar identifies the subject.

La introducción en los dos idiomas da información adicional sobre el tema.

An introduction in both languages adds extra information on the subject.

La barra superior identifica el tema.

Top bar identifies the topic section.

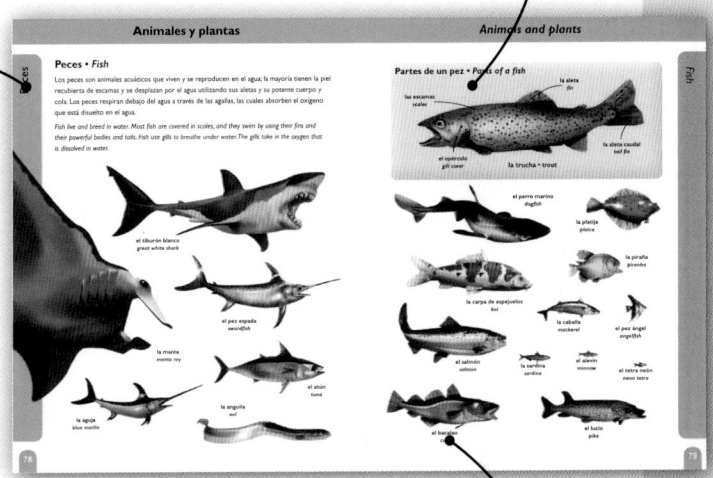

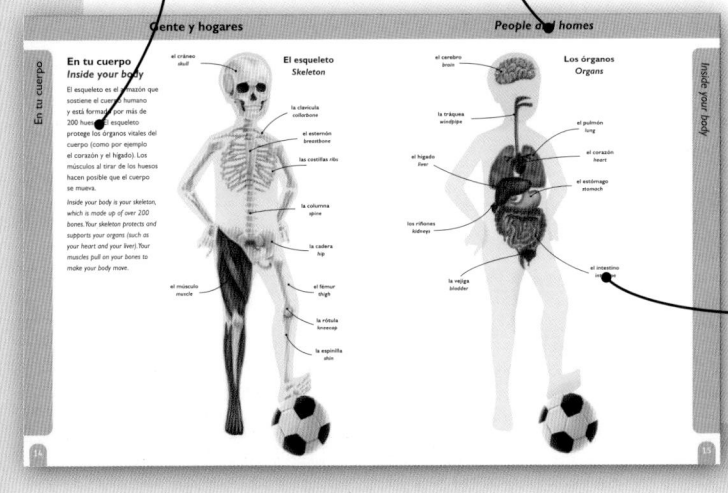

El texto de las ilustraciones está en los dos idiomas.

Captions provide words or phrases in two languages.

Las etiquetas ayudan a precisar el significado exacto de una palabra.

Labels help to pinpoint the exact meaning of a word.

O puedes consultar el índice del final del libro.

Or you can use the **INDEX** *at the back of the book.*

Hay un Índice inglés y otro español, así que puedes buscar las palabras en cualquiera de los dos idiomas.

There is an English and a Spanish index, so you can find a word in either language.

Sea como sea, te resultará divertido explorar las lustraciones y las palabras.

However you find your word, you will have fun exploring pictures and words!

Apoyo lingüístico

This book is for people learning their first words in Spanish. By looking at the pictures you can learn the words for a whole range of themes.

Most of the words in this book are nouns, but some are verbs, and some are adjectives. Nouns are words that give names to things, people, or places. For example, ***cuchara*** (spoon), ***padre*** (father), and ***bota*** (boot) are all nouns. Verbs are doing words; they refer to actions. For example, ***golpear*** (hit), ***tirar*** (throw), and ***patinar*** (skate) are all verbs.

Most nouns are either masculine or feminine in Spanish. We call this gender, and this is shown in this book by putting the word for "the" before the noun: ***el*** (masculine) or ***la*** (feminine).

Most nouns ending in "o" are masculine, for example ***el hermano*** (brother), ***el brazo*** (arm), ***el cuchillo*** (knife). Most ending in "a" are feminine, such as ***la hermana*** (sister), ***la oreja*** (ear), ***la cuchara*** (spoon). But take care! Some words ending in "a" are masculine, such as ***el mapa*** (map), ***el problema*** (problem), and ***el planeta*** (planet). Similarly, a few words ending in "o" are feminine: ***la mano*** (hand).

TIP: When you learn a new word, always try to learn whether it is masculine or feminine.

We say that a noun is "plural" when it refers to two or more things. You make the plural of Spanish nouns ending in "o" or "a" by adding an "s": ***hermanos, orejas.*** When a word ends with a consonant, the plural is –es: ***conductores, pasteles.***

The word for "the" with plural masculine nouns is ***los;*** with plural feminine nouns, use ***las:*** ***los desiertos, las montañas.***

Adjectives are words that describe nouns; for example, ***grande*** (big), ***pequeño*** (small). Many adjectives have a different form for masculine and feminine: often you just change the final "o" to "a" to make the feminine adjective from the masculine form; ***el castillo alto, la torre alta.*** On the other hand, many adjectives are the same for masculine and feminine, as with these hot drinks: ***el chocolate caliente, el café caliente.***

It's the same with job titles: as in English, some jobs have different forms depending on whether you're talking about a man or a woman: ***el actor, la actriz***—but with others, only the word for "the" changes: you'd say ***la dentista*** for a female dentist, but ***el dentista*** for a male dentist.

Pronunciation

Working out how to say Spanish words is logical once you know the basic sounds. Here's a pronunciation guide for single letters and groups of letters.

Single letters

b—*corbata, abogado, balón.* **"b" and "v" sound the same.**

c (+a, o, u):—"k": *campo, cocodrilo, cuchillo*

c (+e, i)—"th" in most of Spain: 's' in most of Latin America: *baloncesto, cinturón*

cc (k-th): *fricción, ciencia ficción*

d: sounds like the English "d" at the start of a word, e.g. *dibujo.* **But it sounds like "th" in "that" in other parts of the word:** *nadar, Madrid.*

g (+ a, o, u): like "g" in "gun": *galleta, algodón, hamburguesa*

g (+e, i)—like "h" in "help" or "hip": *ligero, rígido*

j—like "h" in "hope": *ojo, traje, juego*

n—like the English "n": *nariz, ensalada.*

ñ—"ny," like "ni" in "onion": *muñeca, albañil*

r—quickly roll your tongue on the roof of your mouth—*historia, rueda.*
Make a longer roll for the double "r": *gorro*

u—on its own, it sounds like "oo" in "look": *duro;* **it sounds the English "w" when it follows another vowel:** *bueno.* **In some groups of letters, the "u" is silent: "gue"** *(hamburguesa),* **"gui"** *(guitarra),* **"que"** *(vaqueros),* **"qui"** *(barquilla)*

v—pronounced like "b": *vestido, vaca; aventura, automóvil*

z—"th" in most of Spain: "s" in most of Latin America: *zapato, cabeza, corazón, manzana*

Pairs of letters

au—"ow": *autobús, auditorio*

ch—*chaqueta, coche*

ll—like "li" in "pavilion" in some regions; like "ye" in "yes" elsewhere: *paella, bocadillo, tortilla*

The stress marker

Words are made up of different parts, called syllables. For example, "hamburger" has three syllables: ham-bur-ger, and the stress is on the first syllable: HAMburger.

In Spanish, a rising accent mark shows you where the stress falls to help you say it correctly: ***plástico, albóndiga, cinturón.***

Punctuation

There are two forms of Spanish punctuation that you might find strange at first, but they are easy to understand:

A question begins with an upside down question mark in Spanish: ***¿Eres español?***—Are you Spanish?

Similarly, a phrase that might be shouted starts with an upside down exclamation mark and ends with one "the right way up": ***¡Para ascender!*** Going up!

La familia y los amigos • *Family and friends*

Las familias pueden estar compuestas por diferente número de miembros. Hay niños que viven en familias monoparentales o con la persona que los cuida, otros tienen familias muy grandes. Los abuelos, los tíos y los primos todos ellos forman parte del clan familiar.

Families come in many sizes. Some children live with just one parent or caregiver. Some have large families with many relatives. Grandparents, uncles, aunts, and cousins are all members of your extended family.

el padre y la madre
father and mother

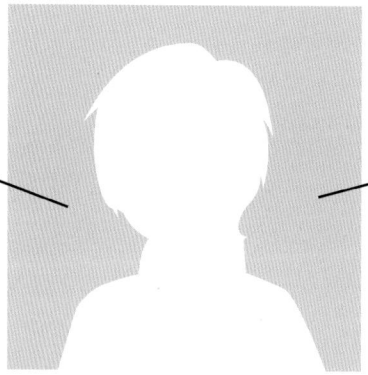

la hermana
sister

el hermano
brother

la abuela y el abuelo
grandmother and grandfather

el bisabuelo y la bisabuela
great-grandfather and great-grandmother

el padrastro y la madre
stepfather and mother

el tío y la tía
uncle and aunt

el(la) mejor amigo(a)
best friend

el hermanastro y la hermanastra
stepbrother and stepsister

los primos
cousins

los amigos
friends

Tu cuerpo • *Your body*

El cuerpo es una máquina increíblemente complicada. Todas las partes del cuerpo funcionan conjuntamente a la perfección para realizar diferentes tareas a la vez. ¡El cuerpo está continuamente en actividad para mantenernos vivos!

Your body is like an incredibly complicated machine. All its parts work perfectly together, so you can do many different jobs at once. It is also busy all the time keeping you alive!

La cara • *Face*

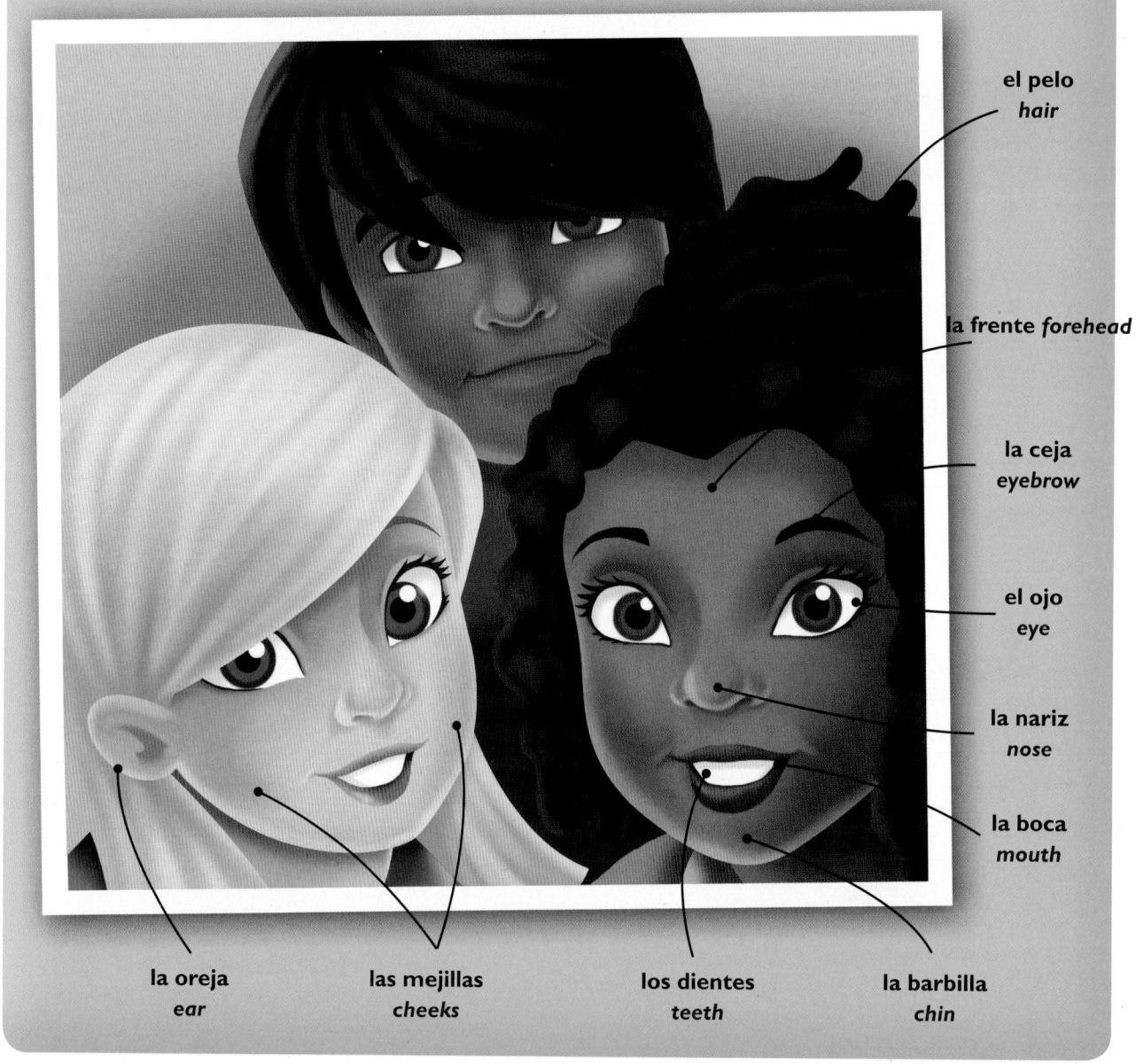

El cuerpo humano
Body

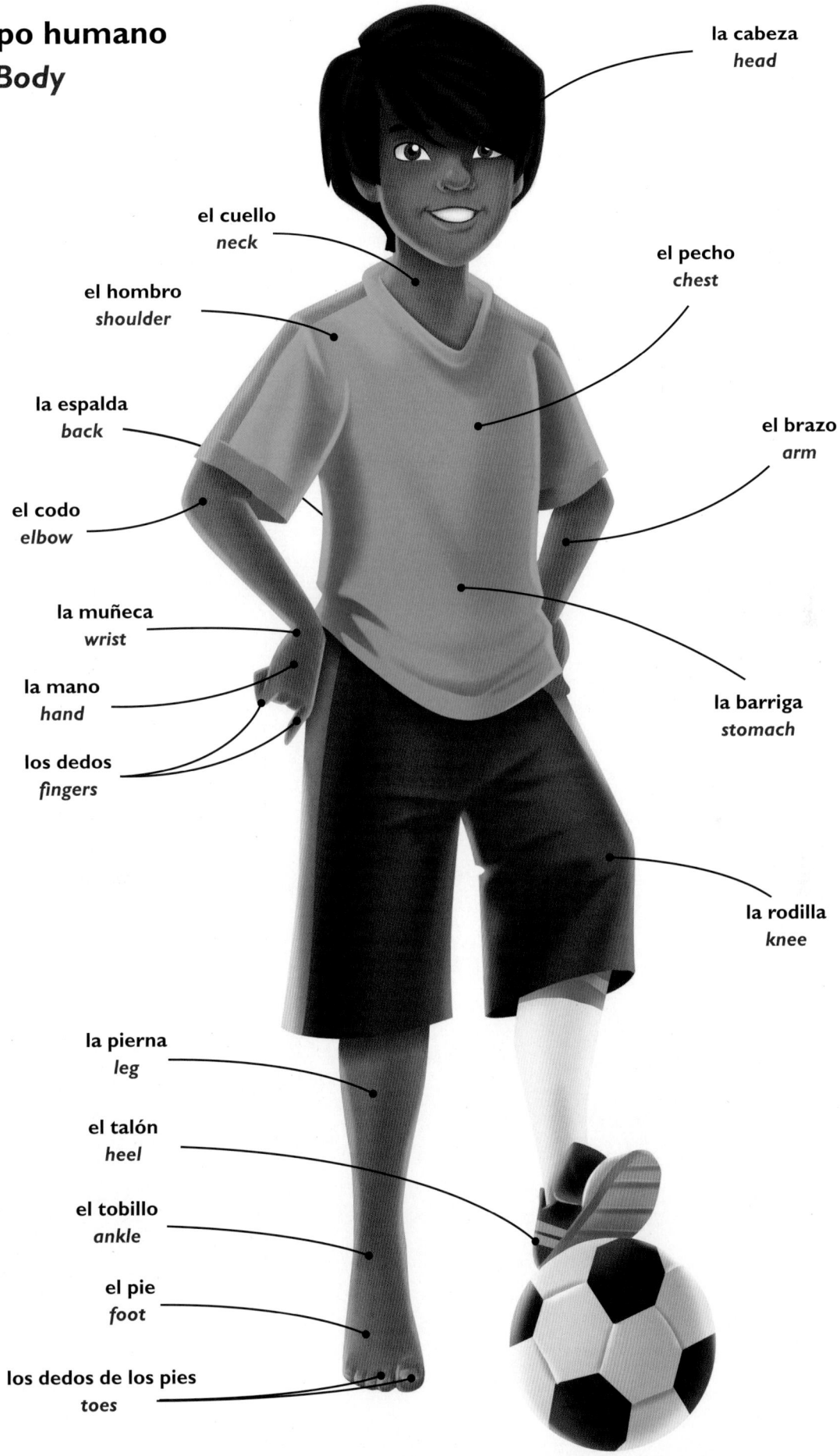

En tu cuerpo
Inside your body

El esqueleto es el armazón que sostiene el cuerpo humano y está formado por más de 200 huesos. El esqueleto protege los órganos vitales del cuerpo (como por ejemplo el corazón y el hígado). Los músculos al tirar de los huesos hacen posible que el cuerpo se mueva.

Inside your body is your skeleton, which is made up of over 200 bones. Your skeleton protects and supports your organs (such as your heart and your liver). Your muscles pull on your bones to make your body move.

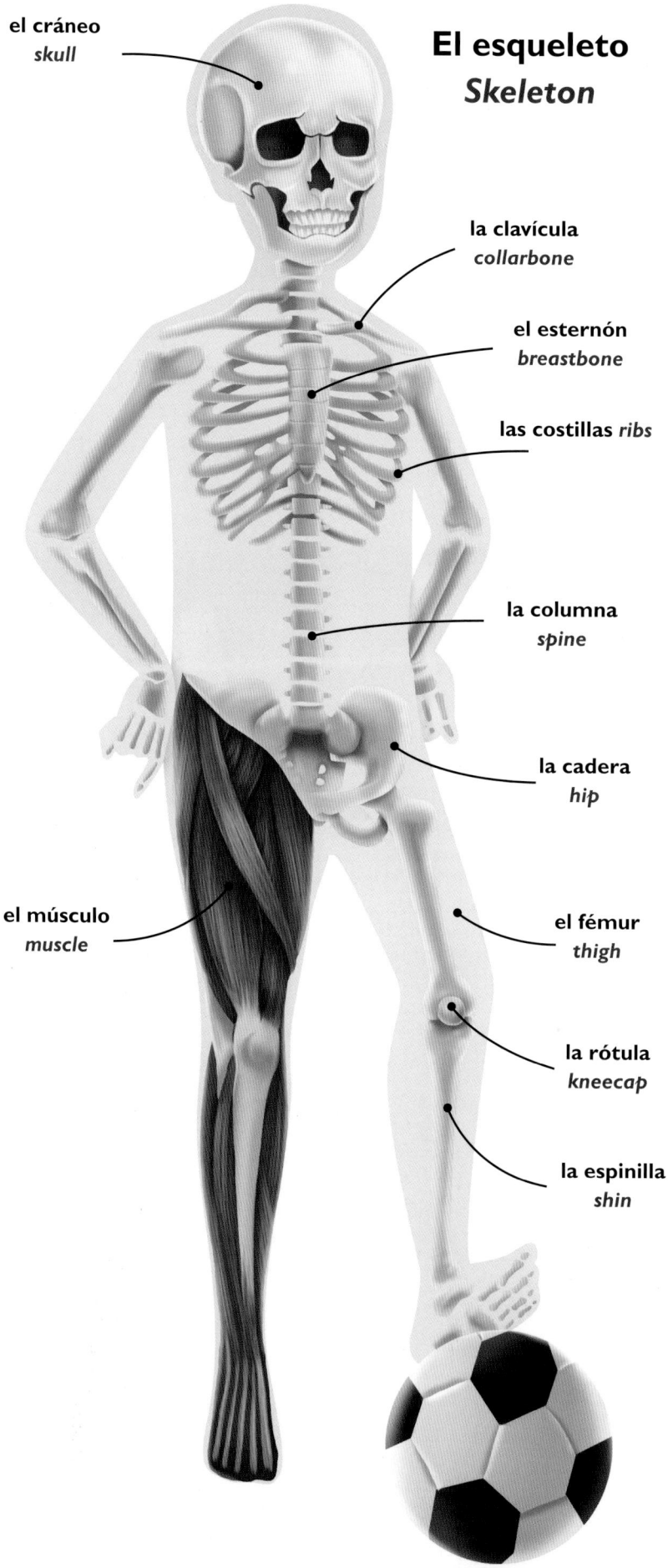

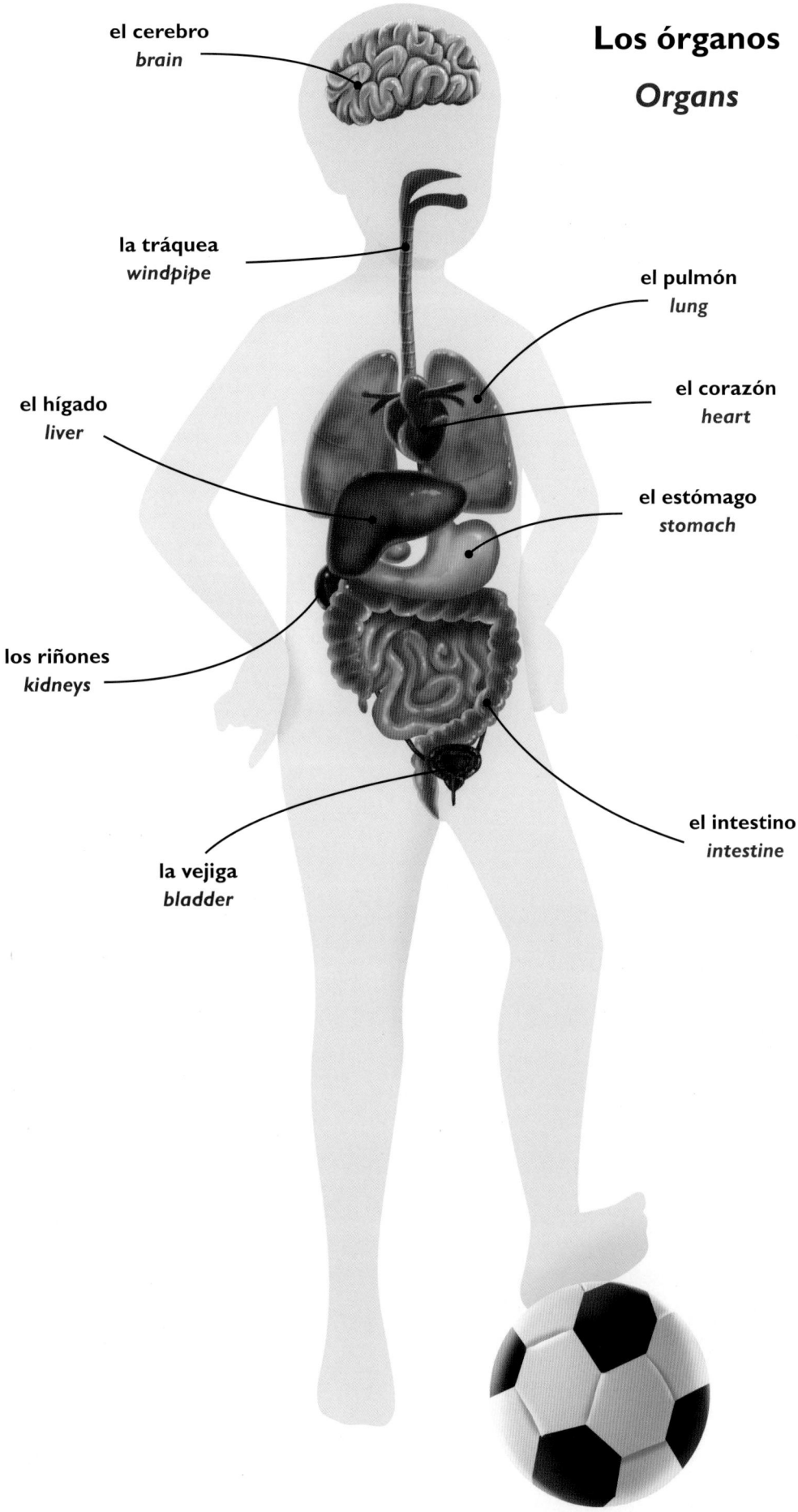

Los órganos

Organs

Los sentidos y los sentimientos • *Senses and feelings*

Los sentidos conectan nuestro cuerpo al mundo exterior. Transmiten señales al cerebro sobre todo lo que vemos, oímos, olemos, probamos y tocamos. Usamos el rostro para transmitir señales sobre cómo nos sentimos.

Our senses link our bodies to the outside world. They carry signals to our brains about everything we see, hear, smell, taste, and touch. We use our faces to send signals to other people about how we are feeling.

feliz
happy

triste
sad

asustado
scared

enfadado
angry

orgulloso
proud

entusiasmado
excited

sorprendido
surprised

travieso
mischievous

tonto
silly

alegre
laughing

confuso
confused

aburrido
bored

La casa • *Home*

Hay muchos tipos de casas, algunas tienen solo una habitación mientras que otras son mansiones suntuosas; la mayoría disponen de cocina, cuarto de baño, dormitorios y salas para descansar y relajarse.

Homes come in all shapes and sizes, and range from single rooms to massive mansions. Most have areas for cooking, washing, sleeping, and relaxing.

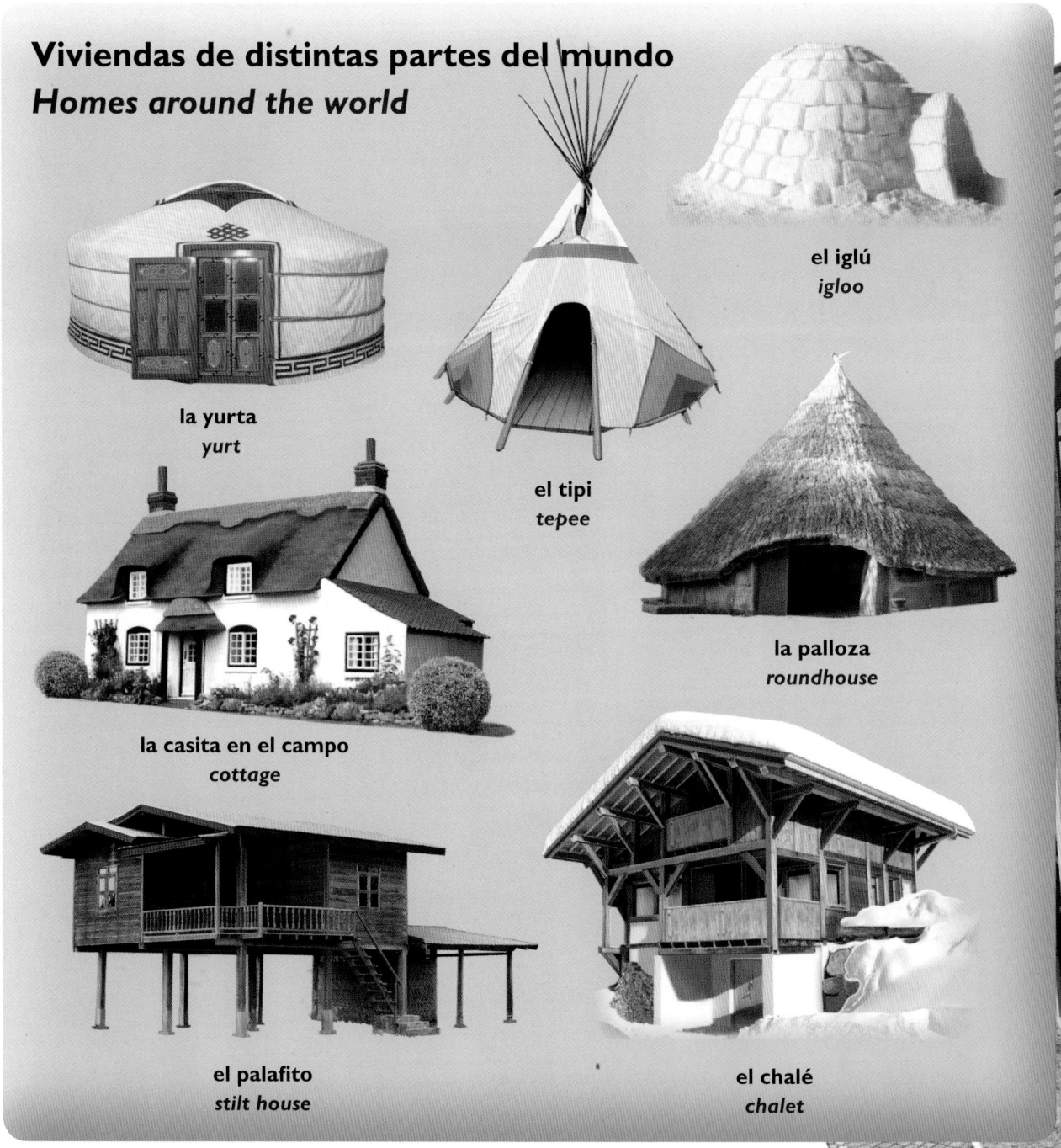

1. la chimenea *chimney*
2. la ventana *window*
3. la puerta *door*
4. el tejado *roof*
5. la cocina *kitchen*
6. el cuarto de baño *bathroom*
7. la sala de estar *living room*
8. el dormitorio *bedroom*
9. el garaje *garage*
10. la bañera *bath*
11. el váter *toilet*
12. la ducha *shower*
13. la silla *chair*
14. la mesa *table*
15. la cama *bed*
16. la televisión *television*
17. el fregadero *sink*
18. la cocina eléctrica/de gas *stove*

Los artículos de la casa • *Household objects*

Nuestras casas están llenas de artículos y utensilios útiles. Estos artículos los utilizamos diariamente para cocinar y asearnos.

Our homes are full of useful household tools and materials. We use these household objects every day to cook our food and to keep ourselves clean.

En la cocina • *In the kitchen*

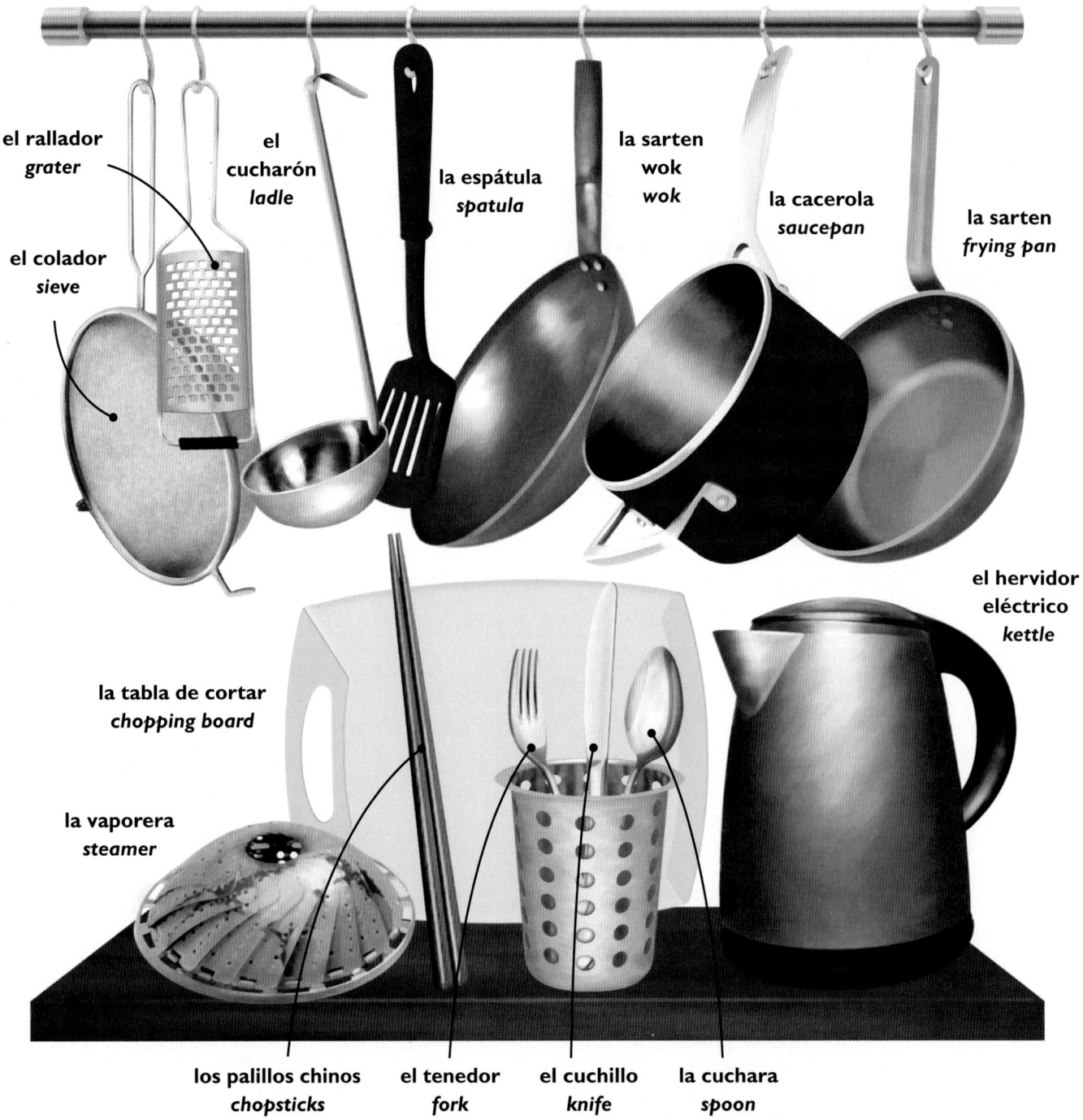

En el cuarto de baño • *In the bathroom*

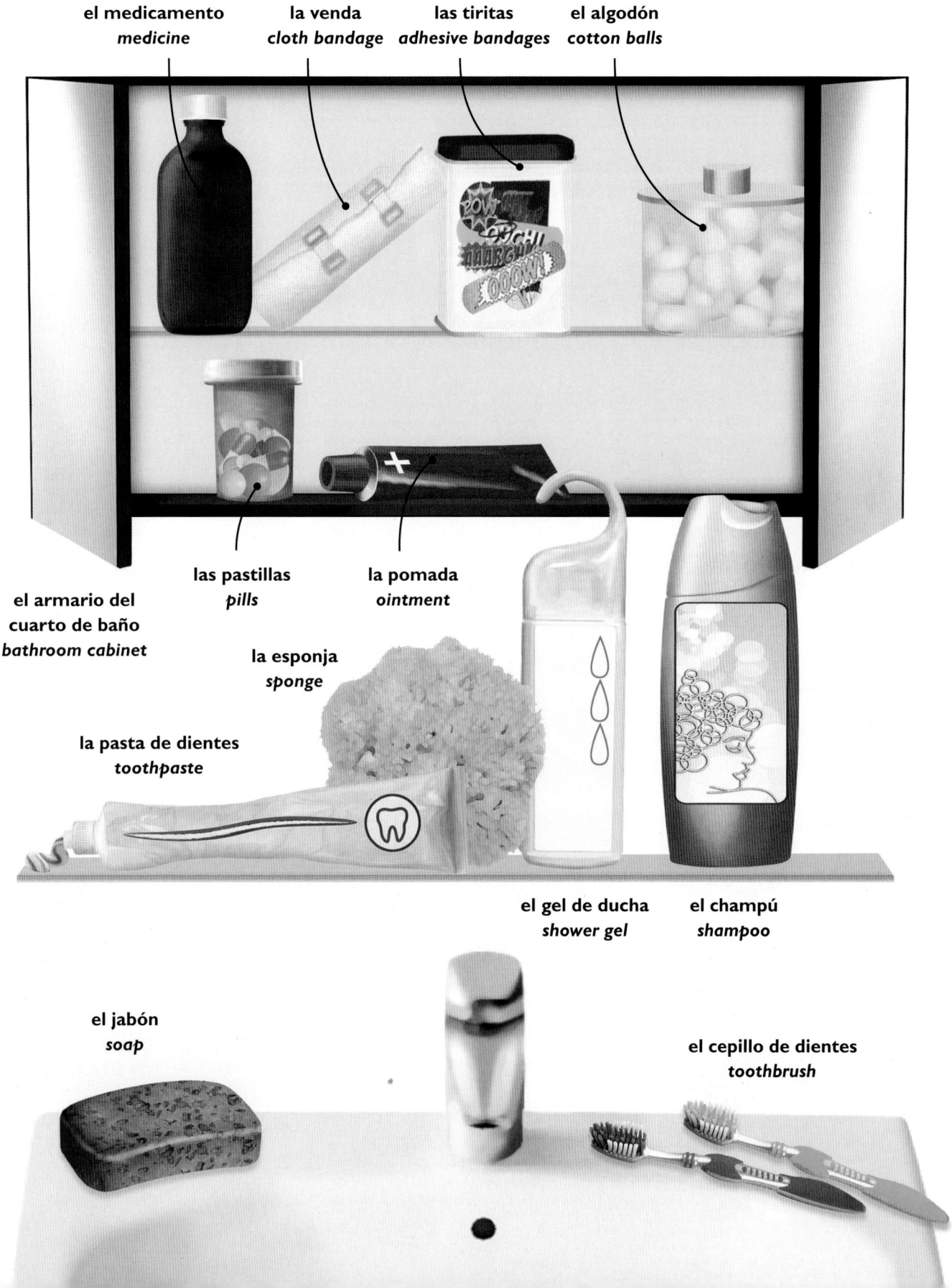

Comida y bebidas • *Food and drink*

Necesitamos tomar alimentos y bebidas para mantenernos vivos, pero algunos alimentos son mejores que otros para nuestra salud. La pirámide de enfrente muestra los alimentos saludables en la base y los alimentos menos saludables en la parte superior.

We need food and drink to keep us alive, but some foods are better for our health than others. The pyramid opposite shows healthy foods at the bottom and less healthy foods at the top.

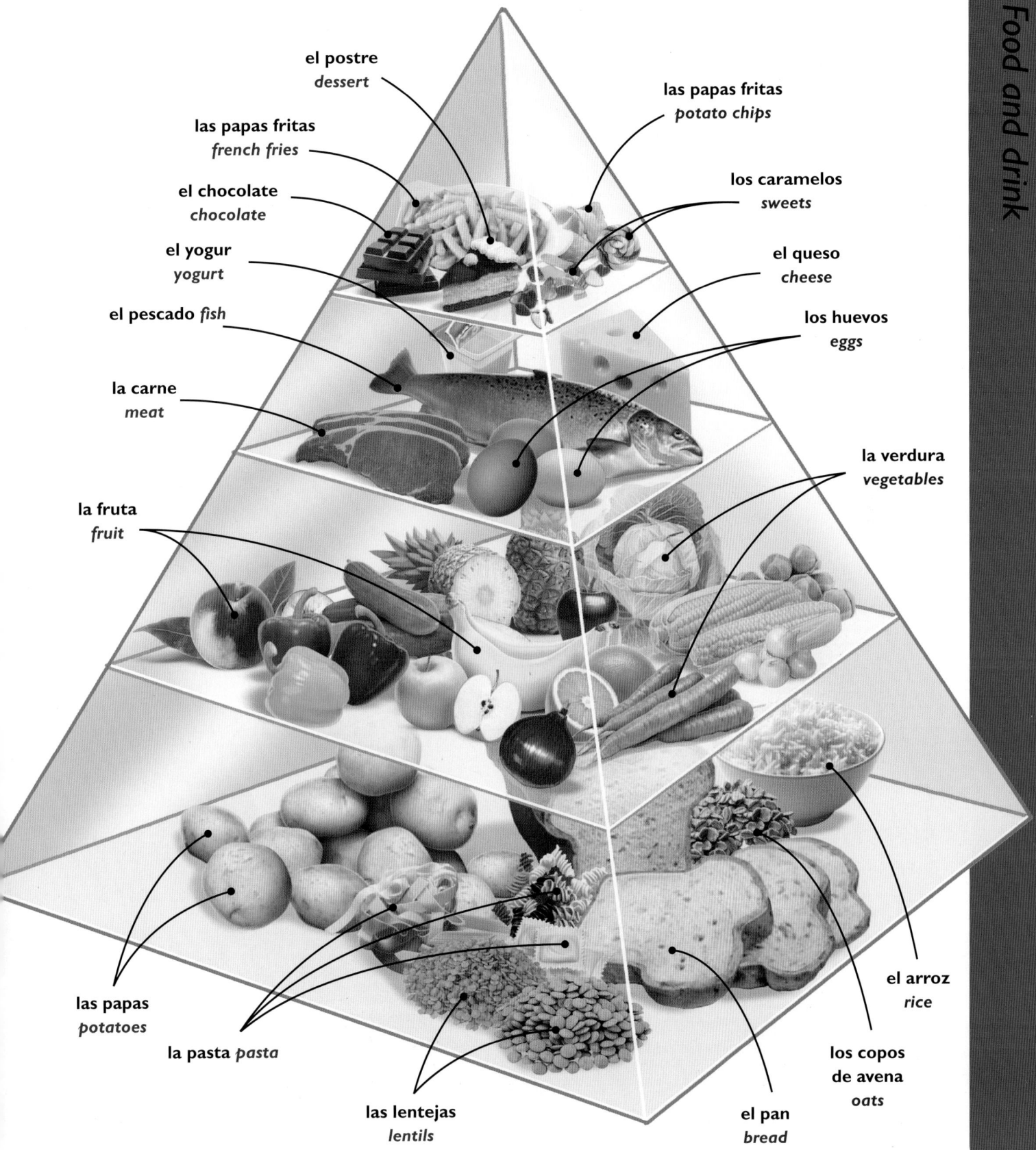
el postre
dessert
las papas fritas
potato chips
las papas fritas
french fries
los caramelos
sweets
el chocolate
chocolate
el yogur
yogurt
el queso
cheese
el pescado *fish*
los huevos
eggs
la carne
meat
la verdura
vegetables
la fruta
fruit
el arroz
rice
las papas
potatoes
la pasta *pasta*
los copos
de avena
oats
las lentejas
lentils
el pan
bread

Todo tipo de comida • *All sorts of food*

La gente toma algo ligero cuando necesita hacer una comida rápida. Si dispone de más tiempo, toma un plato principal y un postre.

People have a snack when they need a small meal that can be eaten fast. If they have more time, they can enjoy a main course and a dessert.

COMIDA RÁPIDA
SNACKS

el bocadillo
sandwich

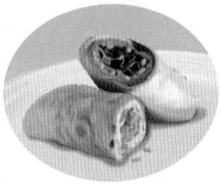

el wrap
wrap

la hamburguesa
burger

la sopa
soup

el bollo
roll

la pizza
pizza

PLATO PRINCIPAL
MAIN COURSE

el filete
steak

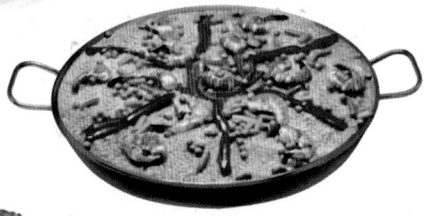

la paella
paella

el cordero
lamb

el curry
curry

las albóndigas
meatballs

el pollo
chicken

Platos exóticos • *Weird and wonderful foods*

las ancas de rana
frogs' legs

la sopa de ortigas
stinging nettle soup

las tarántulas fritas
fried tarantulas

PLATO PRINCIPAL
MAIN COURSE

la ensalada
salad

tapas
tapas

el tofu
tofu

los espaguetis
spaghetti

la tortilla
omelette

POSTRES
DESSERT

el helado
ice cream

la macedonia de frutas
fruit salad

la magdalena
cupcakes

los crepes
pancakes

la tarta
cake

Frutas y verduras • *Fruit and vegetables*

La fruta y la verdura son las partes comestibles de las plantas. La fruta es la parte de la planta donde están las semillas, las pepitas, o el hueso. La verdura son las raíces, las hojas, o los tallos de la planta.

Fruit and vegetables are parts of plants. A fruit is the part of a plant that contains its seeds, small pits, or stone. Vegetables are the roots, leaves, or stems of a plant.

las fresas
strawberries

la cebolla
onion

los pimientos
peppers

los aguacates
avocados

los guisantes
peas

los tomates
tomatoes

las zanahorias
carrots

los melocotones
peaches

los higos
figs

los limones
lemons

las calabazas
pumpkins

El interior de una manzana
Inside an apple

las pepitas
small pits

el pedúnculo
stem

la piel
skin

la pulpa
flesh

las naranjas
oranges

las cerezas
cherries

las papas
potatoes

el pepino
cucumber

los plátanos
bananas

el maíz
sweetcorn

el repollo
cabbage

la sandía
watermelon

las judías
green beans

las peras
pears

Ropa de diario • *Everyday clothes*

La ropa protege el cuerpo y sirve también para que estemos limpios, secos y abrigados. ¡Además, la ropa también puede ayudar a que parezcamos más guapos!

Clothes protect your body and help to keep you clean, warm, and dry. They can make you look good too!

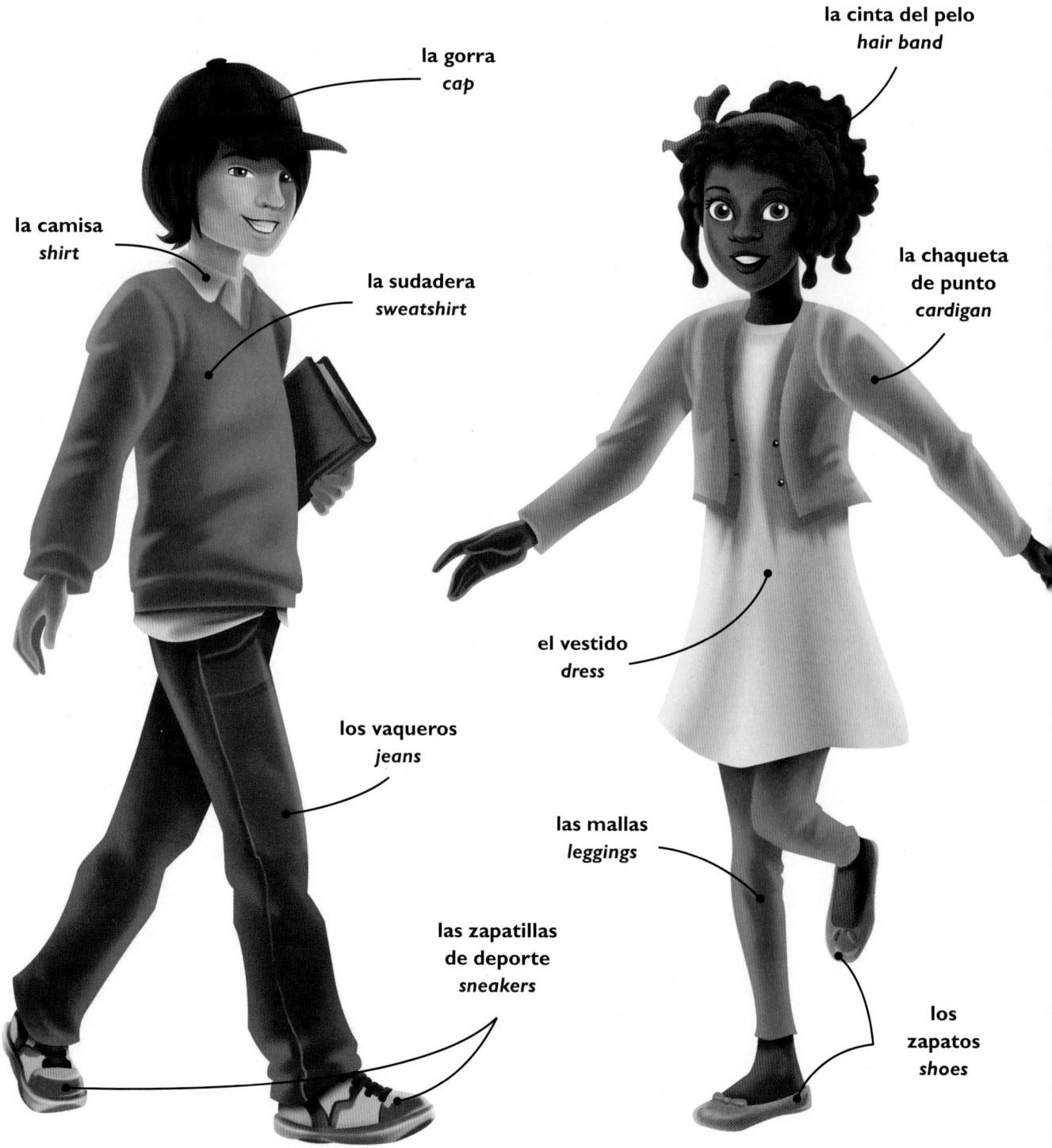

el gorro
hat
la bufanda
scarf
los guantes
gloves
la camiseta
T-shirt
la chaqueta de chándal
tracksuit top
el abrigo
jacket
los pantalones cortos
shorts
las medias
tights
la falda
skirt
los calcetines
socks
los botines
ankle boots
las botas de fútbol
cleats

Todo tipo de ropa • *All sorts of clothes*

En esta página vamos a ver trajes de época de la Roma antigua, de Europa y de Japón. La página siguiente muestra ropa de distintos países.

On this page you can see some historical costumes from ancient Rome, Europe, and Japan. The opposite page includes some examples of clothes from different countries.

la chaqueta
jacket
la falda escocesa
kilt
la blusa
blouse
el delantal
apron
los zuecos
clogs
el sari
sari
la corbata
tie
el traje
suit
el turbante
turban
el sombrero de copa
top hat
el chaleco
vest
el velo de novia
veil
el vestido de novia
wedding dress

En la escuela • *At school*

Casi todos los niños tienen que ir a la escuela. En algunos países la edad de escolarización es a partir de los cuatro años, en otros es a partir de los siete. En la escuela se aprenden y se practican técnicas muy importantes y también se estudian varias asignaturas que ayudan a interpretar el mundo que nos rodea.

Most children have to go to school. In some countries, children start school at age four, in other countries they start at age seven. At school, you learn and practice some very important skills. You study a range of subjects that help you understand the world around you.

el reloj
clock

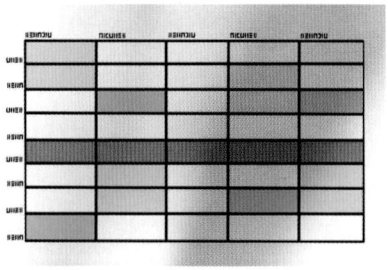

el horario
timetable

el póster
poster

Las clases • *Lessons*

inglés - English
historia - History
geografía - Geography
ciencias - Science
matemáticas - Math
tecnología - Technology
música - Music
dibujo - Art

los deberes - homework
los trabajos de curso - coursework
el trabajo - project
el examen - exam

la pizarra Vileda® • ***whiteboard***

1. **el pupitre** *desk*
2. **la calculadora** *calculator*
3. **el cuaderno** *notebook*
4. **el libro de texto** *textbook*
5. **la carpeta de anillas** *binder*
6. **el bloc de notas** *writing pad*
7. **la regla** *ruler*
8. **el globo** *globe*
9. **la grapadora** *stapler*
10. **el bolígrafo** *pen*
11. **el lápiz** *pencil*
12. **la goma** *eraser*

Todo tipo de trabajos • *All sorts of work*

Hay muchos tipos distintos de trabajos. ¿Qué trabajo te gustaría hacer? Quizá te gustaría trabajar con computadoras. ¿Te gustaría trabajar con animales? Imagínate la cantidad de profesiones a las que podrías dedicarte.

There are so many different types of work. What kind of work do you want to do? You may be interested in working with computers. Or would you like to work with animals? Think of all the jobs you could try.

la ingeniera
el ingeniero
engineer

la arquitecta
el arquitecto
architect

la veterinaria
el veterinario
veterinarian

la conductora de autobús
el conductor de autobús
bus driver

el jefe de cocina
la jefa de cocina
chef

el abogado
la abogada
lawyer

el enfermero
la enfermera
nurse

el reportero
la reportera
reporter

el agente de policía
la agente de policía
police officer

el maestro
la maestra
teacher

Equipo y ropa de trabajo • *Work equipment and clothing*

Para realizar ciertos trabajos es necesario utilizar ropa y equipo de trabajo especial. Los trabajadores de la construcción, los buzos y los bomberos usan ropa especial para su seguridad personal. Los cirujanos usan ropa que impide la propagación de los microbios.

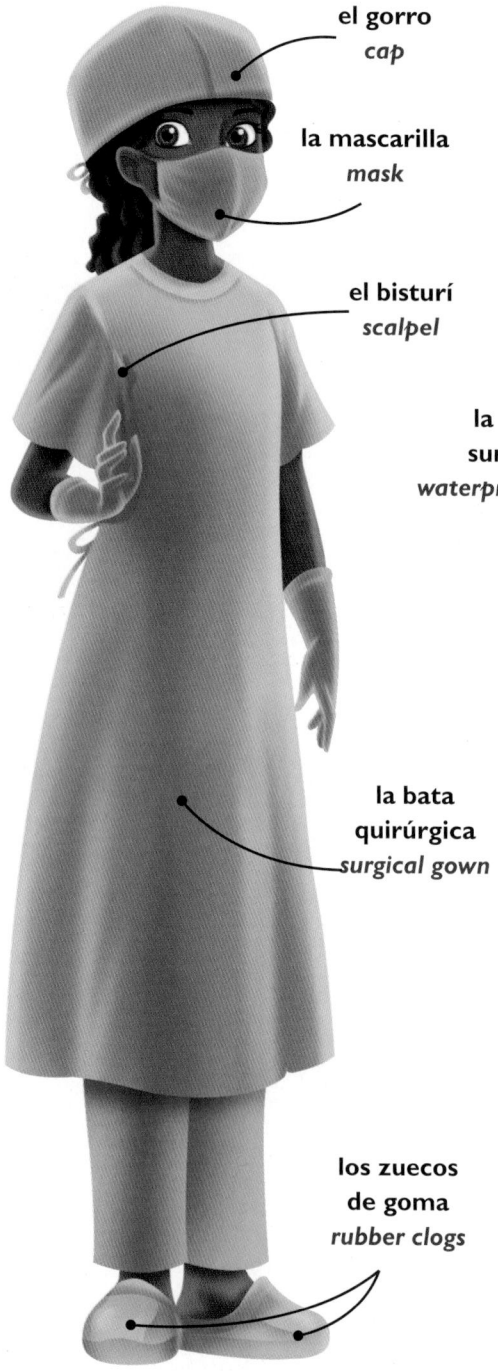

la cirujana
surgeon

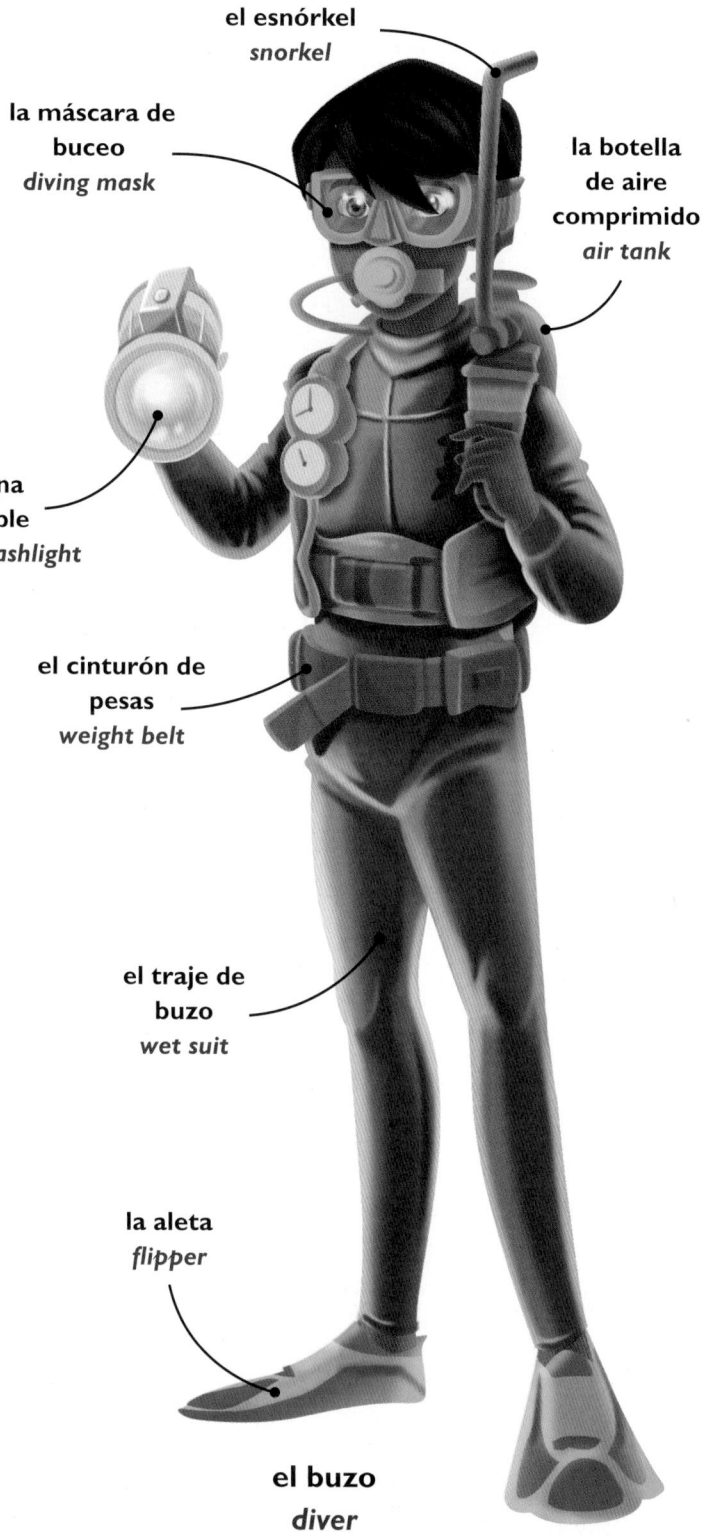

el buzo
diver

Some people need special equipment and clothing to do their work. Builders, divers, and firefighters wear special clothes to keep themselves safe. Surgeons wear clothing that stops germs from spreading.

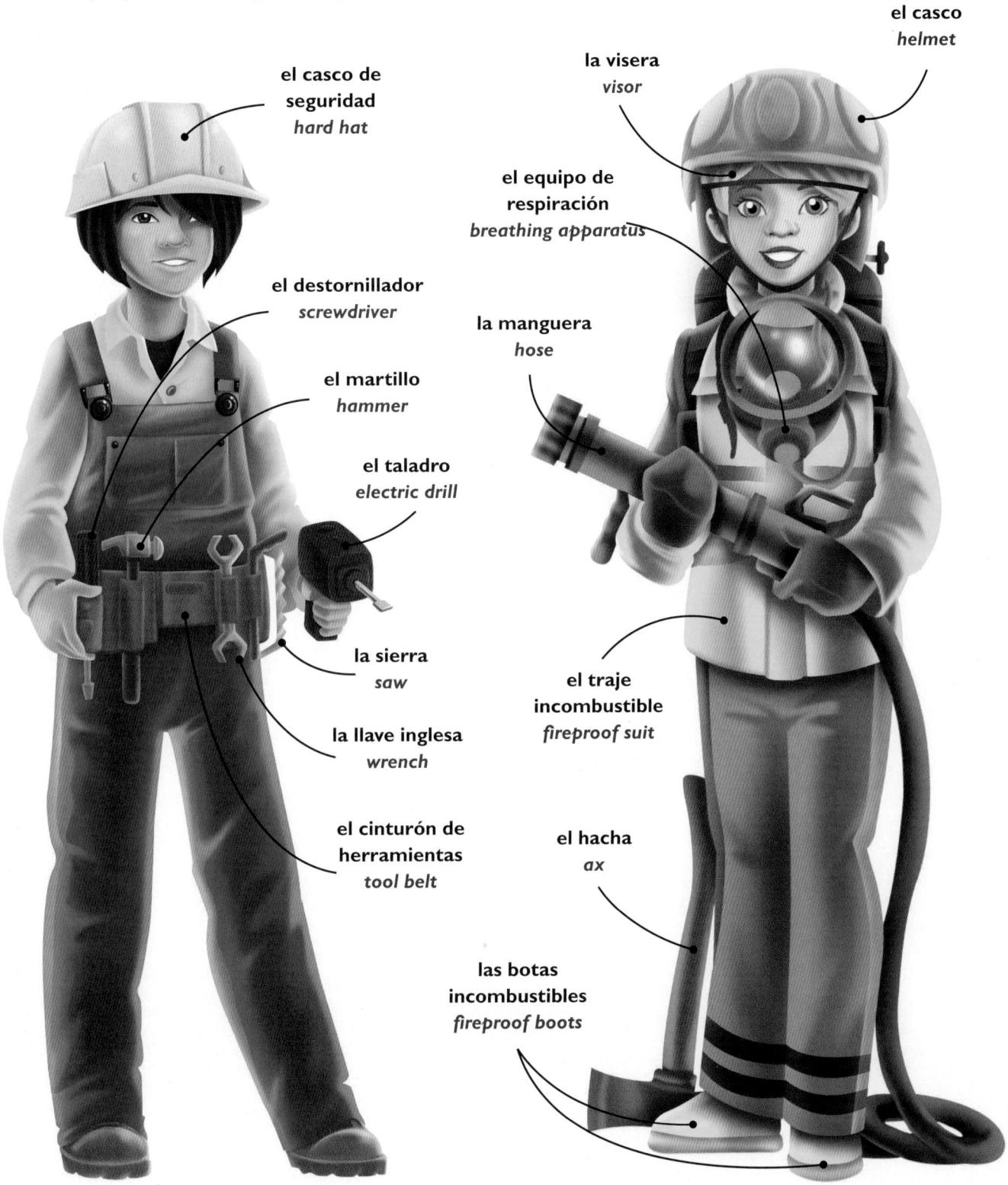

el albañil
builder

la bombera
firefighter

Deportes • *Sports*

El deporte es muy importante. Nos ayuda a mantenernos en forma y es divertido practicarlo. Los atletas profesionales de todo el mundo entrenan mucho para participar en las principales competiciones, como las Olimpiadas. Hay dos Olimpiadas—una en verano y otra en invierno.

Sports are important. They keep us fit, and they are fun. Professional athletes all over the world train hard to compete in top competitions, such as the Olympics. There are two Olympics—one in summer and one in winter.

el fútbol
soccer

el tenis
tennis

el béisbol
baseball

el rugby
rugby

la gimnasia
gymnastics

el voleibol
volleyball

el tiro con arco
archery

el ciclismo
cycling

el atletismo
athletics

El fútbol • *Soccer*

el árbitro • ***referee***
parar • ***to save***
marcar • ***to score***
el gol • ***goal***
el penalti • ***penalty***
el tiro libre • ***free kick***
el, la defensa • ***defense***
el portero, la portera • ***goalkeeper***
el delantero, la delantera • ***forward***

el baloncesto
basketball

el yudo
judo

el críquet
cricket

el golf
golf

la natación
swimming

el hockey sobre hielo
ice hockey

Deportes en acción • *Sports in action*

La participación en cualquier deporte exige mucha actividad. Correr es la base de muchos deportes, pero también hay otras muchas actividades y ejercicios.

Taking part in any kind of sport means a lot of action! Running is part of many sports but there are many other activities too.

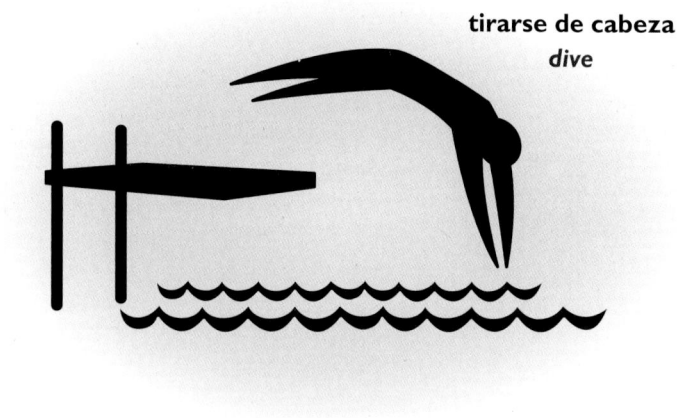

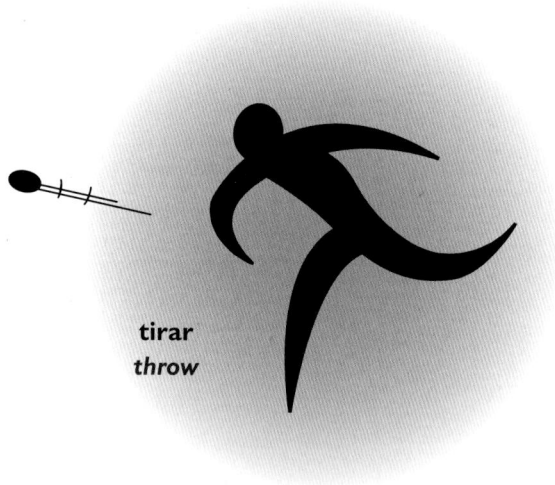

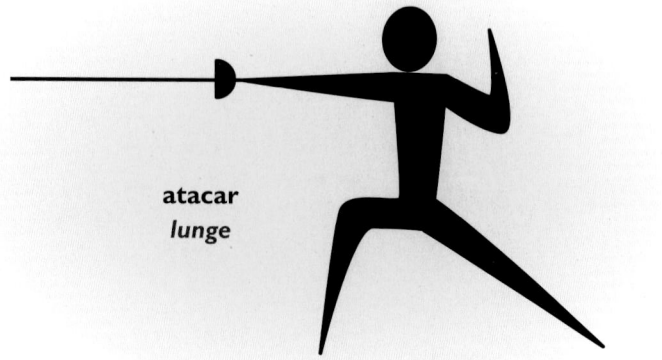

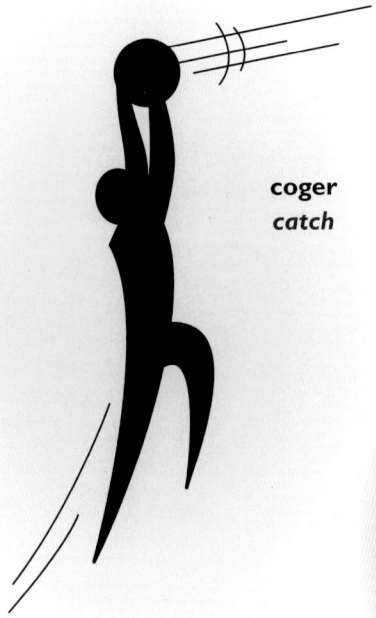

coger
catch

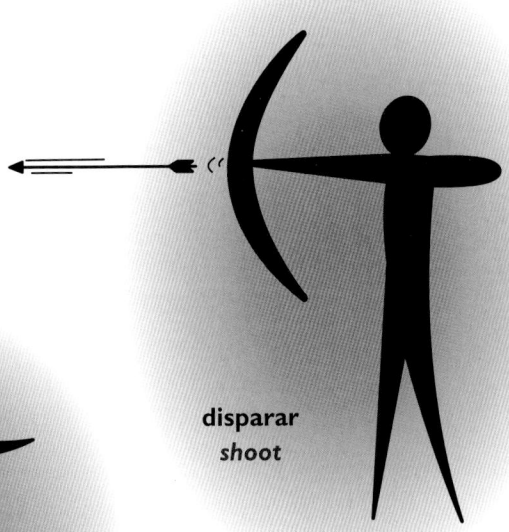

disparar
shoot

saltar
jump

deslizarse
glide

patinar
skate

montar
(a caballo)
ride

remar
paddle

Juegos y pasatiempos
Games and leisure

A lo largo de la historia el hombre ha practicado diferentes tipos de juegos. Son juegos muy antiguos el ajedrez, las cometas y el yoyó. Los juegos electrónicos son mucho más recientes.

People all over the world have been playing games for centuries. Chess, kites, and yo-yos have a very long history. Electronic games are a recent invention.

1. **el monopatín** *skateboard*
2. **los patines en línea** *rollerblades*
3. **el balón** *soccer ball*
4. **la raqueta** *racket*
5. **el volante** *birdie*
6. **el bate** *bat*
7. **el yoyó** *yo-yo*
8. **la cometa** *kite*
9. **las bolas de malabares** *juggling balls*
10. **el tablero de ajedrez** *chessboard*
11. **las piezas de ajedrez** *chess pieces*
12. **los auriculares** *earphones*
13. **el puzzle** *jigsaw puzzle*
14. **el juego de mesa** *board game*
15. **la revista** *magazine*
16. **la novela** *novel*
17. **el DVD** *DVD*
18. **el reproductor de música** *MP3 player*
19. **la videoconsola** *game console*
20. **la maqueta** *model*

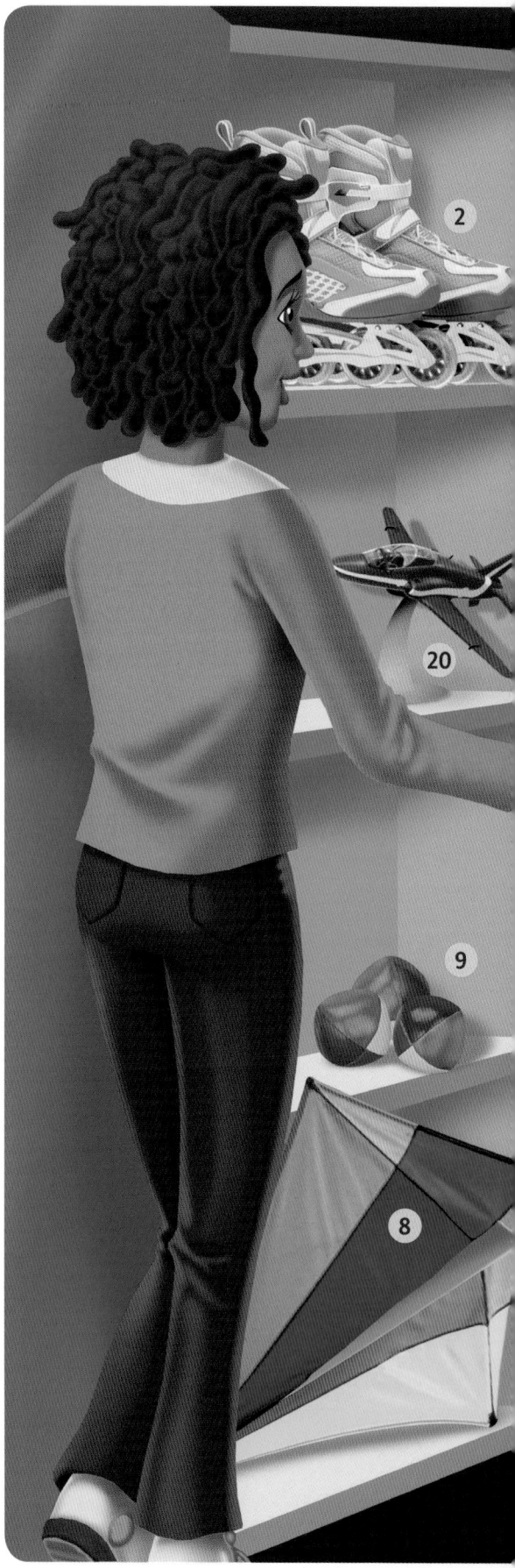

17
3
10
7
11
14
19
1
6
13
15
4
16
18
12
5

Artes plásticas y manualidades • *Art*

La gente crea arte observando lo que les rodea, o utilizando la imaginación. Se pueden utilizar diferentes recursos, como pinturas, cámaras, arcilla o incluso mármol, para crear obras de arte. Las obras de artistas famosos se puede contemplar en los diferentes museos del mundo.

People create art by observing what they see around them, or by using their imagination. We can use paints, cameras, clay, or even marble to create art. You can see the work of famous artists in galleries around the world.

el retrato
portrait

el esbozo
sketch

la fotografía
photograph

el bodegón
still life

el paisaje
landscape

los dibujos animados
cartoons

Herramientas del artista • *Artist's equipment*

la paleta
palette

la arcilla de modelar
modeling clay

el óleo
oil paints

el carboncillo
charcoal

pastel
pastels

la tiza
chalk

el pincel
paintbrush

el bloc de dibujo
sketch pad

las acuarelas
watercolors

el vidrio de colores
stained glass

el tapiz
tapestry

el grafiti
graffiti

la escultura
sculpture

Instrumentos musicales • *Musical instruments*

Hay cuatro tipos principales de instrumentos musicales. Los instrumentos de cuerda tienen cuerdas que suenan punteándolas o haciendo que un arco las roce; los instrumentos provistos de teclado suenan pulsando las teclas; los de viento suenan impulsando aire dentro de ellos y a los de percusión se les hace sonar golpeándolos.

There are four main types of musical instruments. Stringed instruments have strings to pluck or play with a bow. Keyboard instruments have keys to press. Wind instruments are played by blowing air through them. Percussion instruments are struck to make noise.

Instrumentos de viento
Wind instruments

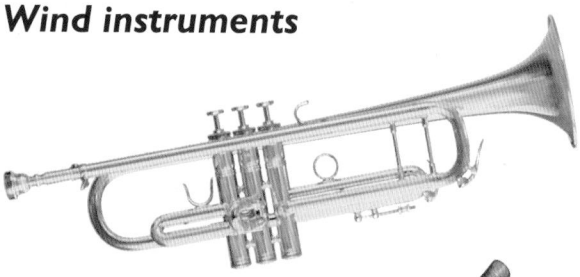

la trompeta
trumpet

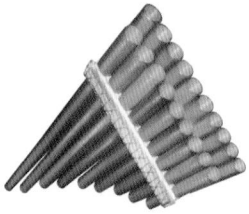

la zampoña
panpipes

la flauta
flute

el clarinete
clarinet

el saxofón
saxophone

Instrumentos de teclado
Keyboard instruments

el sintetizador
synthesizer

el órgano
organ

el piano
piano

Instrumentos de cuerda • *Stringed instruments*

el contrabajo
double-bass

el sitar
sitar

el arco
bow

el chelo
cello

el violín
violin

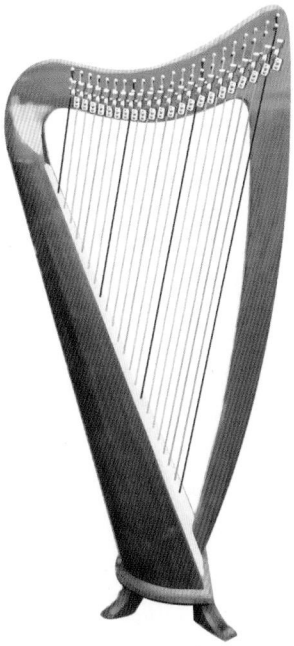

el arpa
harp

la guitarra
guitar

Instrumentos de percusión
Percussion instruments

las maracas
maracas

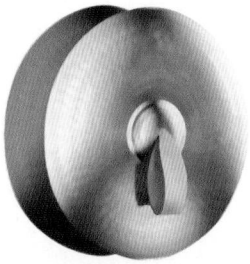

los platillos
cymbals

la pandereta
tambourine

la batería
drums

la tabla
tabla

Música y baile • *Music and dance*

En todo el mundo la gente compone y crea distintos tipos de música y de bailes. La música puede ser interpretada por una orquesta grande, por un grupo pequeño o por un solo músico y también podemos bailar solos, en pareja o en grupo.

People around the world love to create different types of music and dance. Music can be played by a large orchestra, by a small band, or by a solo performer. You can dance alone, with a partner, or in a group.

la música clásica
classical music

el rock
rock

el jazz
jazz

el pop
pop

la música folk
folk music

el reggae
reggae

el rap
rap

el soul
soul

la música global
world music

Baile • *Dance*

el claqué
tap dancing

el breakdance
break dancing

el baile de salón
ballroom dancing

el ballet
ballet

Televisión, cine y teatro
TV, film, and theater

Trabajar en equipo es fundamental para hacer programas de televisión, películas o teatro. Se necesita mucha gente y aparatos para filmar un espectáculo en directo, como por ejemplo un programa concurso en un auditorio.

Teamwork is important when a show is being made for television, movies, or the theater. A lot of people and equipment are needed to film a live event, such as a talent show in a theater.

1. **el cámara** *cameraman*
2. **el técnico de sonido** *sound engineer*
3. **el director** *director*
4. **la cámara** *camera*
5. **el escenario** *stage*
6. **el foco** *spotlight*
7. **el micrófono** *microphone*
8. **el, la cantante** *singer*
9. **el bailarín, la bailarina** *dancer*
10. **el actor, la actriz** *actor*
11. **el vestuario** *costume*
12. **el decorado** *scenery*
13. **el director de escena, la directora de escena** *stage manager*
14. **el monitor** *monitor screen*
15. **la claqueta** *clapboard*
16. **el telón** *curtains*
17. **el productor, la productora** *producer*
18. **el público** *audience*

FTV

Programas de televisión y películas • *TV shows and films*

¿Qué tipo de películas y de programas de televisión te gustan? ¿Cuáles te gustan más: las películas de humor o las películas que te hacen reflexionar? Algunas películas y programas de televisión muestran acontecimientos reales. Otros muestran situaciones imaginarias.

What kind of films and TV shows do you like? Do you prefer comedies or films that make you think? Some films and TV programs show real events. Others show imaginary situations.

una película de terror
horror

una película de ciencia ficción y fantasía
science fiction and fantasy

una película de acción y de aventuras
action and adventure

una comedia
comedy

los dibujos animados
cartoons

las noticias
news program

un programa deportivo
sports program

una tertulia
talk show

un documental de la naturaleza
nature documentary

un programa concurso
game show

Vehículos de pasajeros • *Passenger vehicles*

Hay muchas formas diferentes de viajar. Puedes viajar utilizando el transporte público, como por ejemplo el tren, el autobús o el metro, o utilizando tu vehículo particular, como la bicicleta o el coche.

There are many ways to travel. You can go by public transport, such as the train, bus, or subway, or you can use your own vehicle, such as a bicycle or a car.

Las partes de un coche • *Parts of a car*

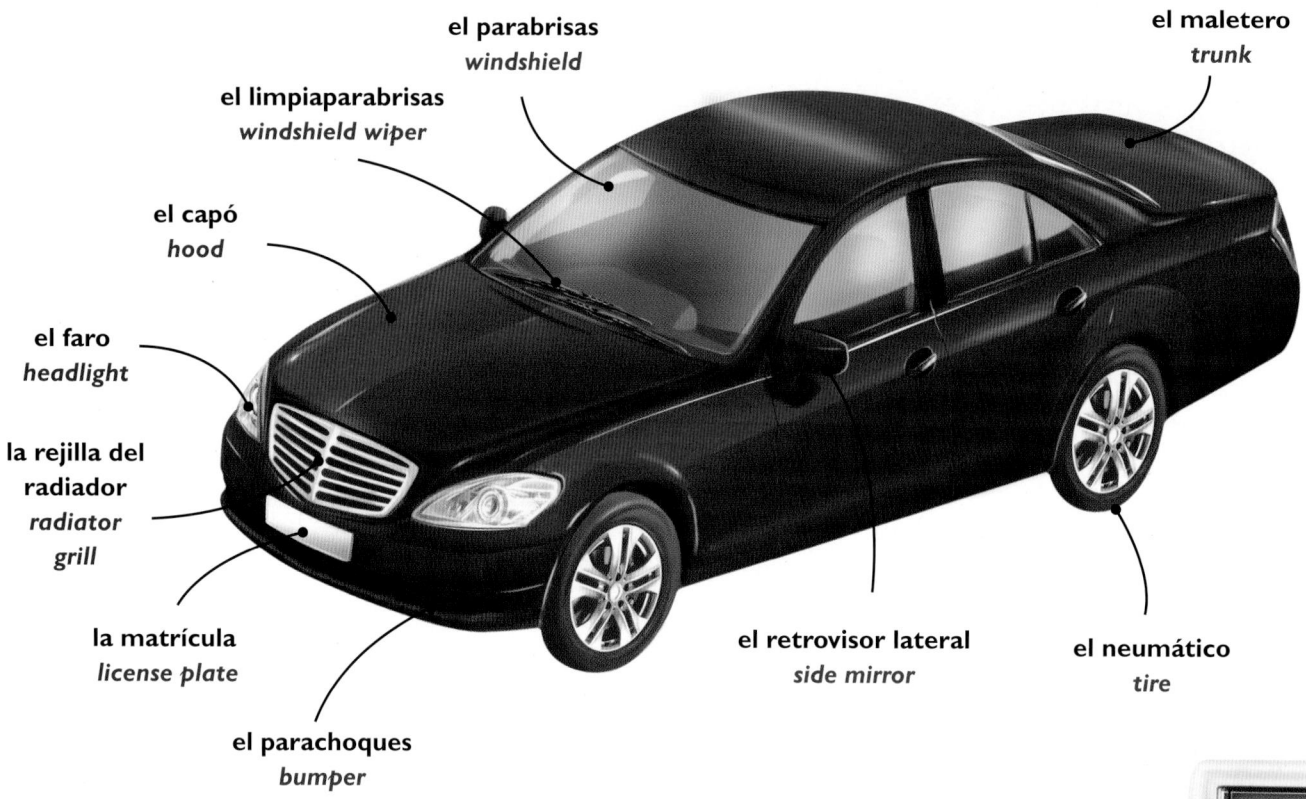

la moto
motorcycle

la autocaravana
van

el coche deportivo
sports car

el coche familia
station wagon

¡Hacia arriba! • *Going up!*

el funicular
funicular railway

el teleférico
cable car

el telesquí
ski lift

el tren • *train*

el autocar
coach bus

el SUV
SUV

la motocicleta
moped

el taxi
taxi

la bicicleta
bicycle

Vehículos pesados • *Working vehicles*

Los vehículos pesados realizan muchos trabajos importantes, tales como transportar cargas pesadas, levantar pesos, apisonar y excavar. Los camiones y los tanques transportan cargas pesadas. Los vehículos de emergencia proporcionan asistencia esencial.

Vehicles do many important jobs, such as transporting heavy loads, lifting, rolling, and digging. Trucks and tankers transport heavy loads. Emergency vehicles provide essential help.

la pala retroexcavadora
backhoe loader

la apisonadora
roller

la grúa con cesta
cherry picker

la carretilla elevadora
forklift

la excavadora
excavator

la motoniveladora
bulldozer

el camión volquete
dump truck

la grúa mecánica
crane

la ambulancia
ambulance

el coche de bomberos
fire engine

el vehículo anfibio
amphibious vehicle

la motonieve
snowmobile

la furgoneta
de reparto
delivery van

el coche patrulla
police car

el camión
portacontenedores
dumpster truck

el quitanieves
snowplow

el camión portacoches
car transporter

el camión hormigonera
mixer truck

el vehículo pesado
tractor/trailer

Aeronaves • *Aircraft*

Las aeronaves están propulsadas por motores a reacción, por hélices o por palas de rotor. Los globos aerostáticos ascienden porque están llenos de aire de menos densidad que el aire que les rodea. Los planeadores se desplazan aprovechando las corrientes térmicas ascendentes de aire caliente para volar.

Aircraft are powered by jet engines, by propellers, or by rotor blades. A hot-air balloon rises because the air inside its envelope is lighter than the surrounding air. Gliders ride on currents of air, called thermals.

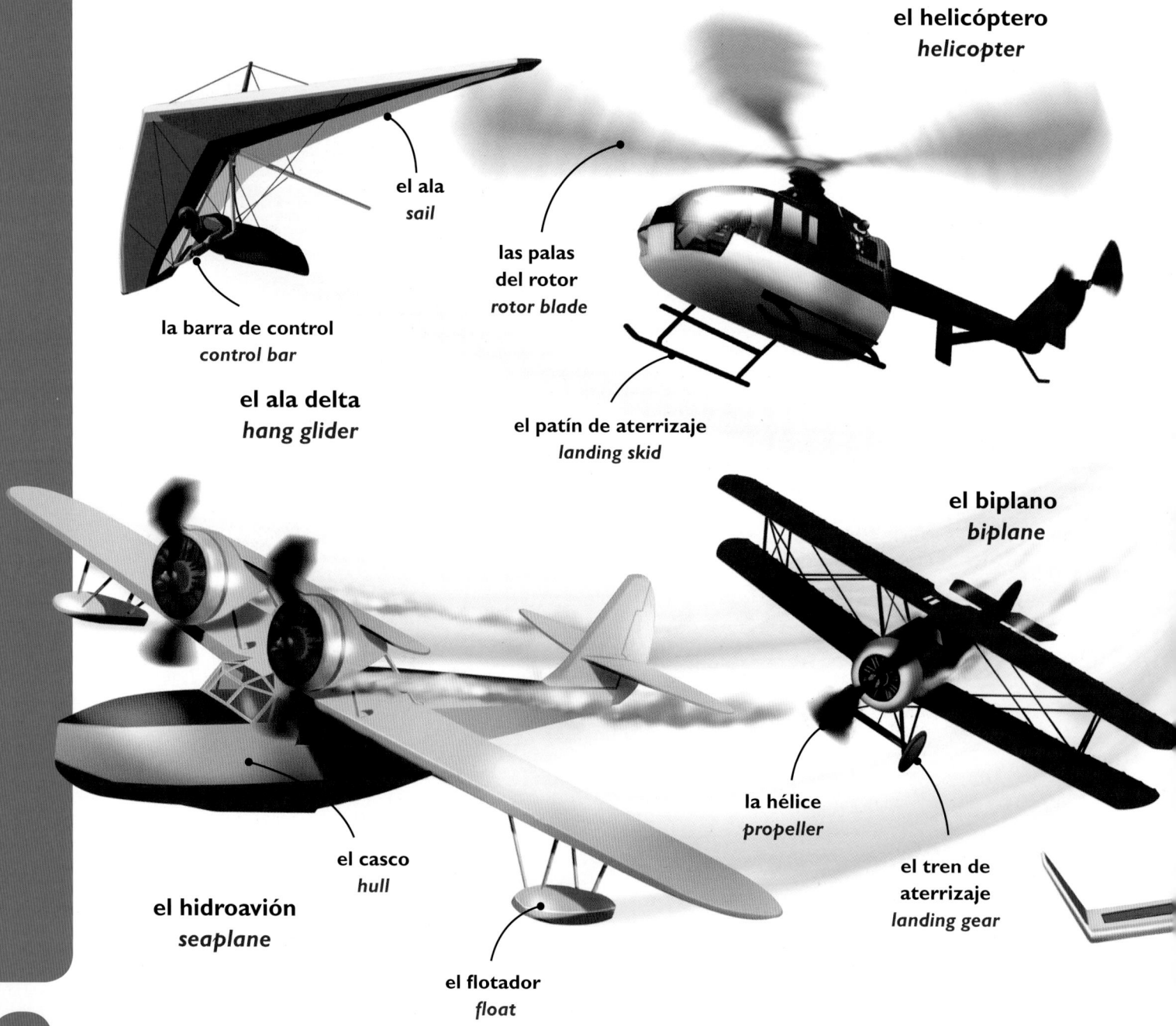

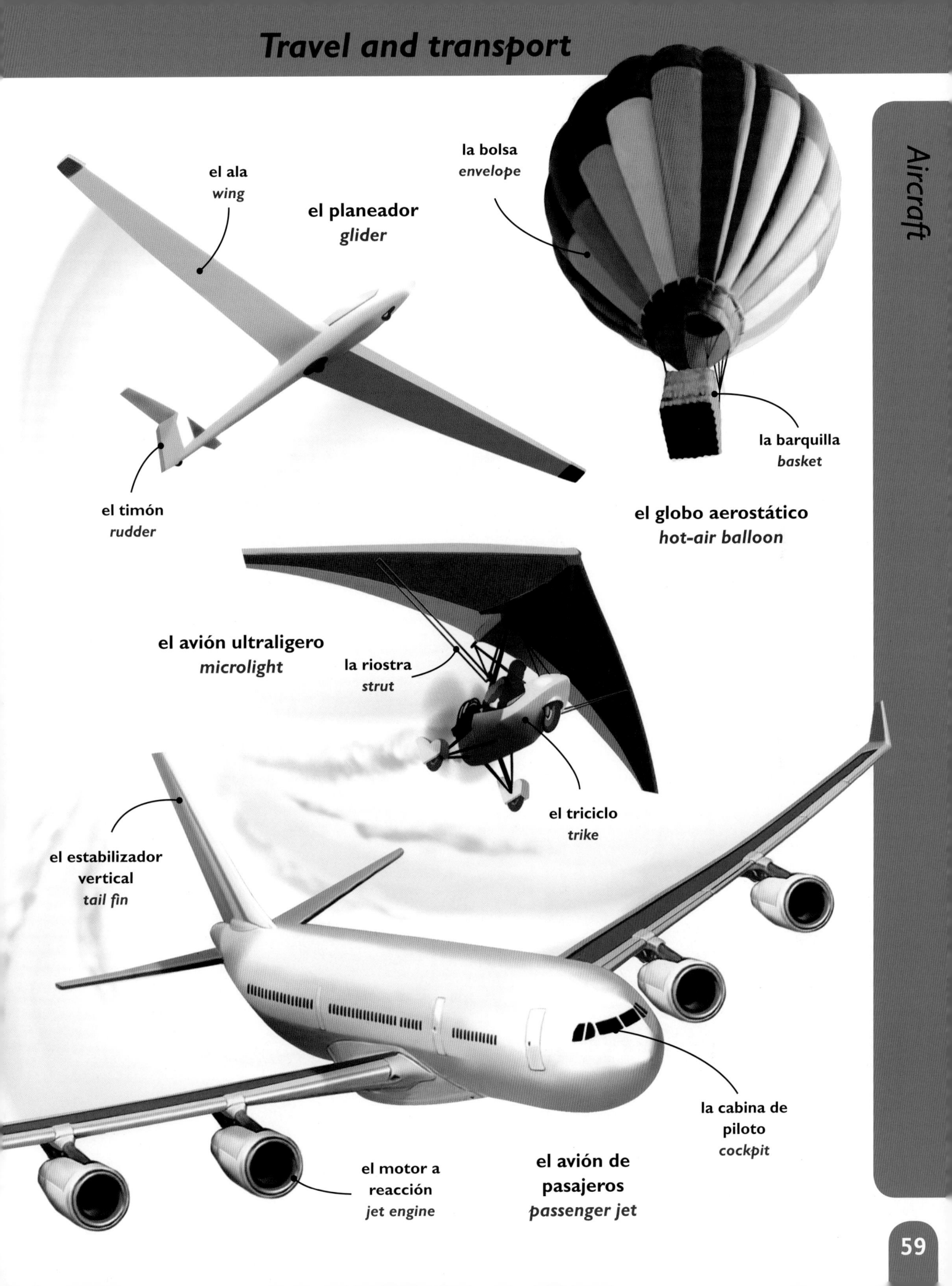
el ala
wing
el planeador
glider
el timón
rudder
la bolsa
envelope
la barquilla
basket
el globo aerostático
hot-air balloon
el avión ultraligero
microlight
la riostra
strut
el triciclo
trike
el estabilizador vertical
tail fin
la cabina de piloto
cockpit
el motor a reacción
jet engine
el avión de pasajeros
passenger jet

Buques, barcos y otras embarcaciones

Ships, boats, and other craft

Hoy día, casi todas las embarcaciones y los barcos grandes cuentan con algún tipo de motor. Los veleros utilizan el viento para desplazarse. Los botes de remos tienen varios remos y las canoas palas.

Today, most large ships and boats have some kind of engine. Sailing boats rely on wind power. A rowboat has a set of oars, and a canoe has a paddle.

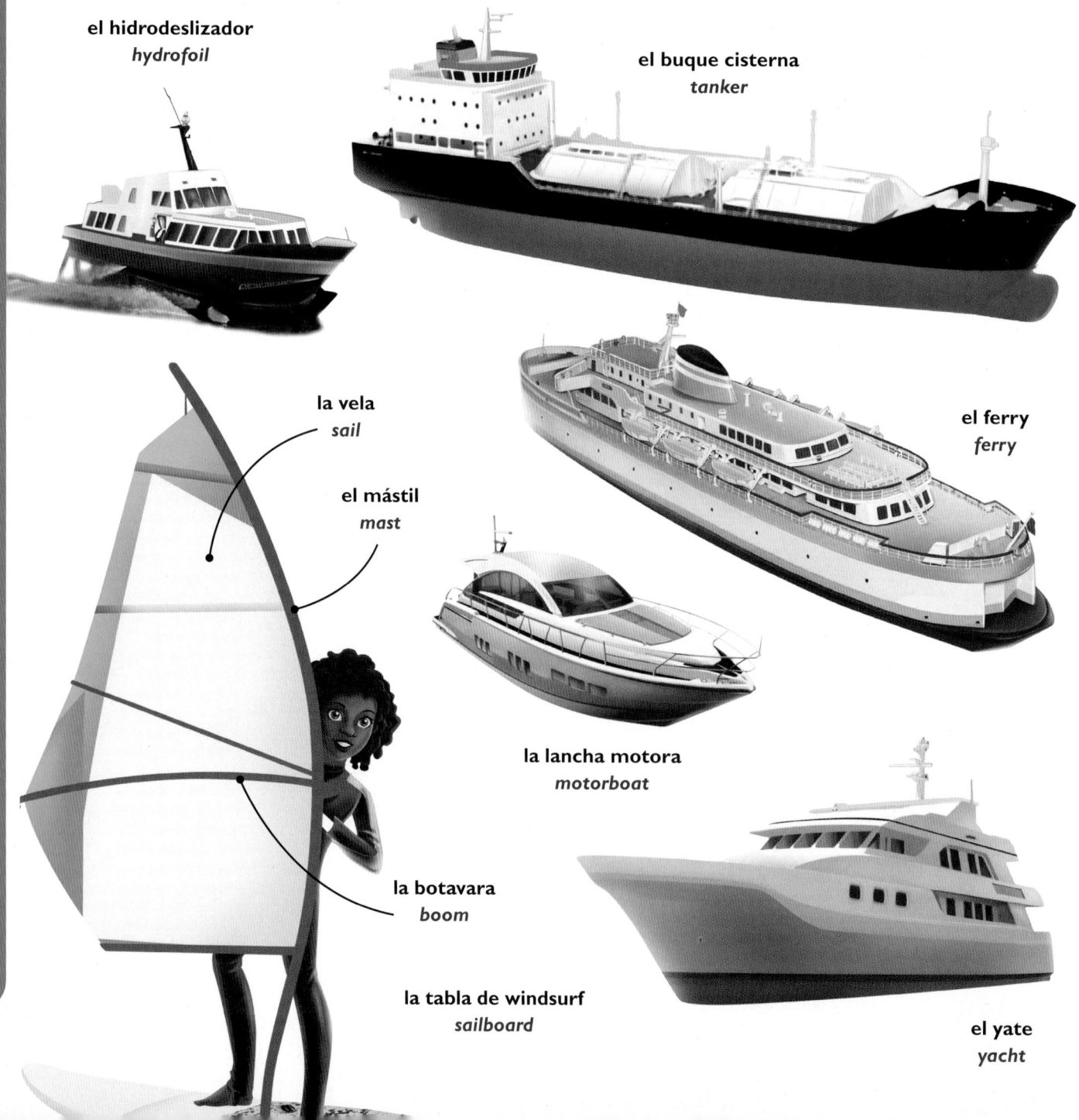

Las partes de un barco
Parts of a ship

la cubierta
deck

la chimenea
smokestack

la proa
bow

la popa
stern

el ancla
anchor

el ojo de buey
porthole

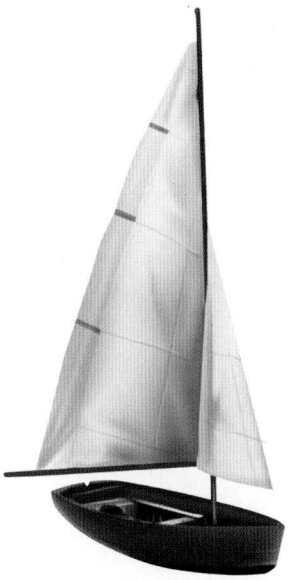

el velero
sailing dinghy

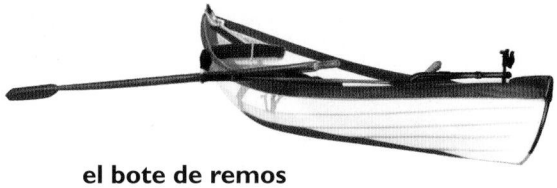

el bote de remos
rowboat

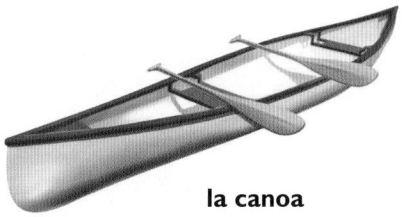

la canoa
canoe

el catamarán
catamaran

la bagala
dhow

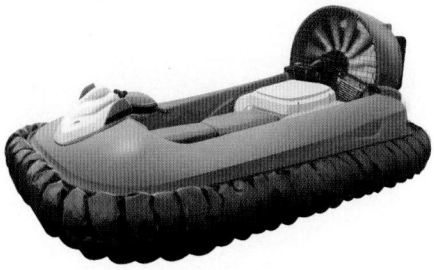

el aerodeslizador
hovercraft

Energía • *Energy and power*

Dependemos de la energía para abastecer de luz y calefacción a nuestros hogares y también para hacer funcionar los aparatos que usamos diariamente; pero ¿de dónde procede la energía? La energía procede de varias fuentes; se transforma en electricidad y se suministra a nuestros hogares.

We rely on energy to supply our homes with light and heat and to run the machines we use every day. But where does that energy come from? Energy comes from a range of sources. It is converted into electricity and delivered to our homes.

la energía solar
solar energy

la energía hidroeléctrica
hydroelectric power

la energía de biomasa
bioenergy

la energía geotérmica
geothermal energy

la energía eólica
wind power

la energía de las mareas
tidal energy

el petróleo
oil

el carbón
coal

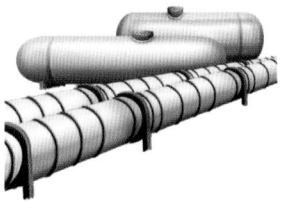

el gas natural
natural gas

la energía nuclear
nuclear energy

Símbolos de un circuito eléctrico • *Electrical circuit symbols*

La corriente eléctrica pasa por un circuito. El circuito incluye varios componentes, como por ejemplo un interruptor, un hilo conductor y una lámpara. Los circuitos se pueden representar en forma de diagramas. Los diagramas de los circuitos tienen símbolos para representar cada componente.

Electricity runs through a circuit. The circuit includes several components or parts, such as a switch, a wire, and a lightbulb. Electrical circuits can be shown as diagrams. Circuit diagrams have symbols to represent each component.

diagrama de un circuito eléctrico • *circuit diagram*

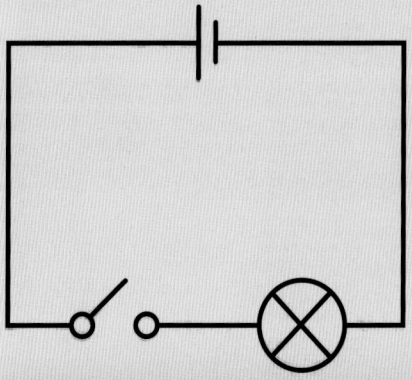

la pila
battery

el hilo conductor
wire

la lámpara
bulb

el timbre
buzzer

el motor
motor

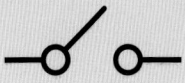

el interruptor (abierto)
switch (off)

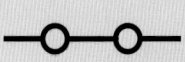

el interruptor (cerrado)
switch (on)

Todo tipo de materiales • *All kinds of materials*

Los materiales tienen propiedades muy diferentes; los hay pesados o ligeros, flexibles o rígidos. Algunos tienen propiedades magnéticas (atraen objetos hechos de hierro); otros son buenos conductores de la electricidad y los hay con propiedades aislantes que se usan para aislamiento eléctrico.

Materials have different properties. They may be heavy or light, flexible or rigid. A few materials are magnetic (able to attract objects made of iron). Some materials are good conductors and allow an electric current to pass through them. Others are insulators and block electric currents.

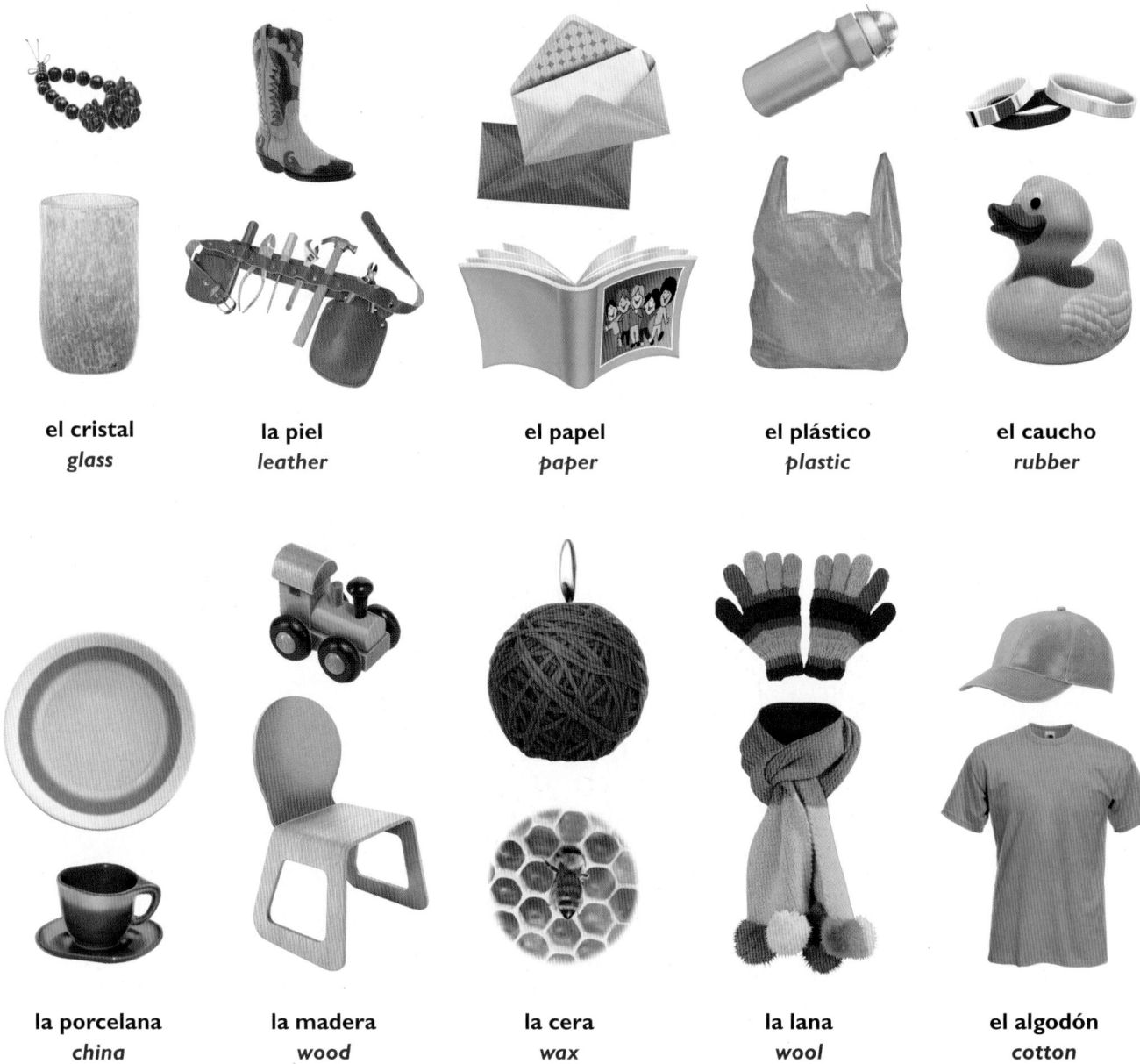

el cristal *glass*

la piel *leather*

el papel *paper*

el plástico *plastic*

el caucho *rubber*

la porcelana *china*

la madera *wood*

la cera *wax*

la lana *wool*

el algodón *cotton*

Propiedades de los materiales
Properties of materials

duro • hard
blando • soft
transparente • transparent
opaco • opaque
áspero • rough
brillante • shiny
liso • smooth

magnético • magnetic
apagado • dull
impermeable • waterproof
absorbente • absorbent

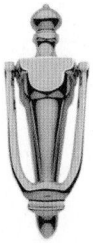

el oro
gold

la plata
silver

el bronce
bronze

la piedra
stone

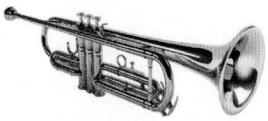

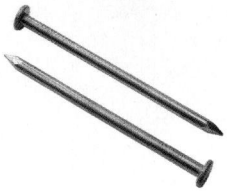

el latón
brass

el hierro
iron

el acero
steel

el cobre
copper

Edificios y estructuras • *Buildings and structures*

Los edificios y las estructuras tienen que ser muy fuertes. Se construyen con una amplia gama de materiales. Los constructores usan piedra, madera, ladrillos, hormigón, acero, cristal o una combinación de estos materiales.

Buildings and structures need to be very strong. They can be constructed from a wide range of materials. Builders may use stone, wood, bricks, concrete, steel, or glass, or a combination of these materials.

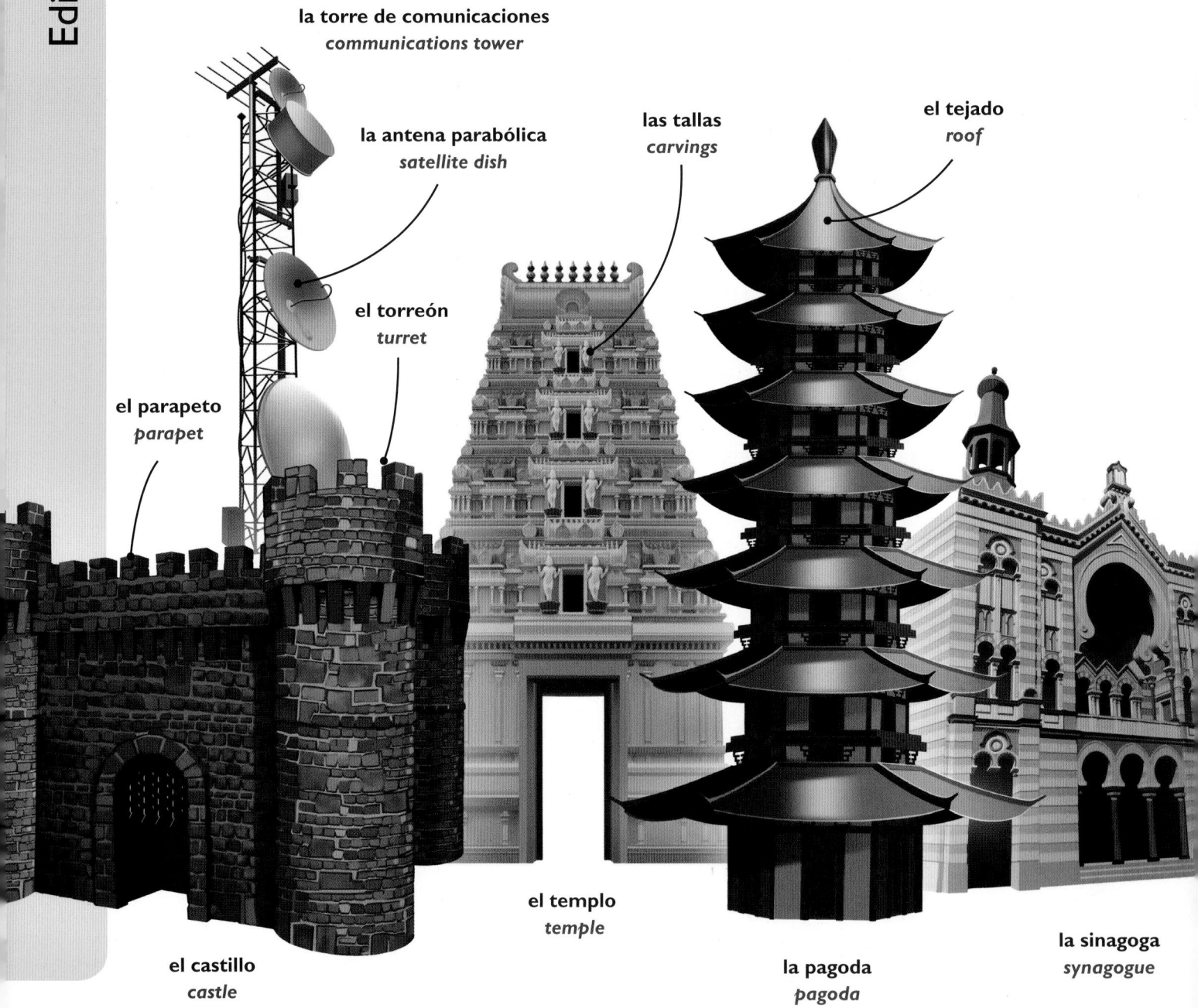

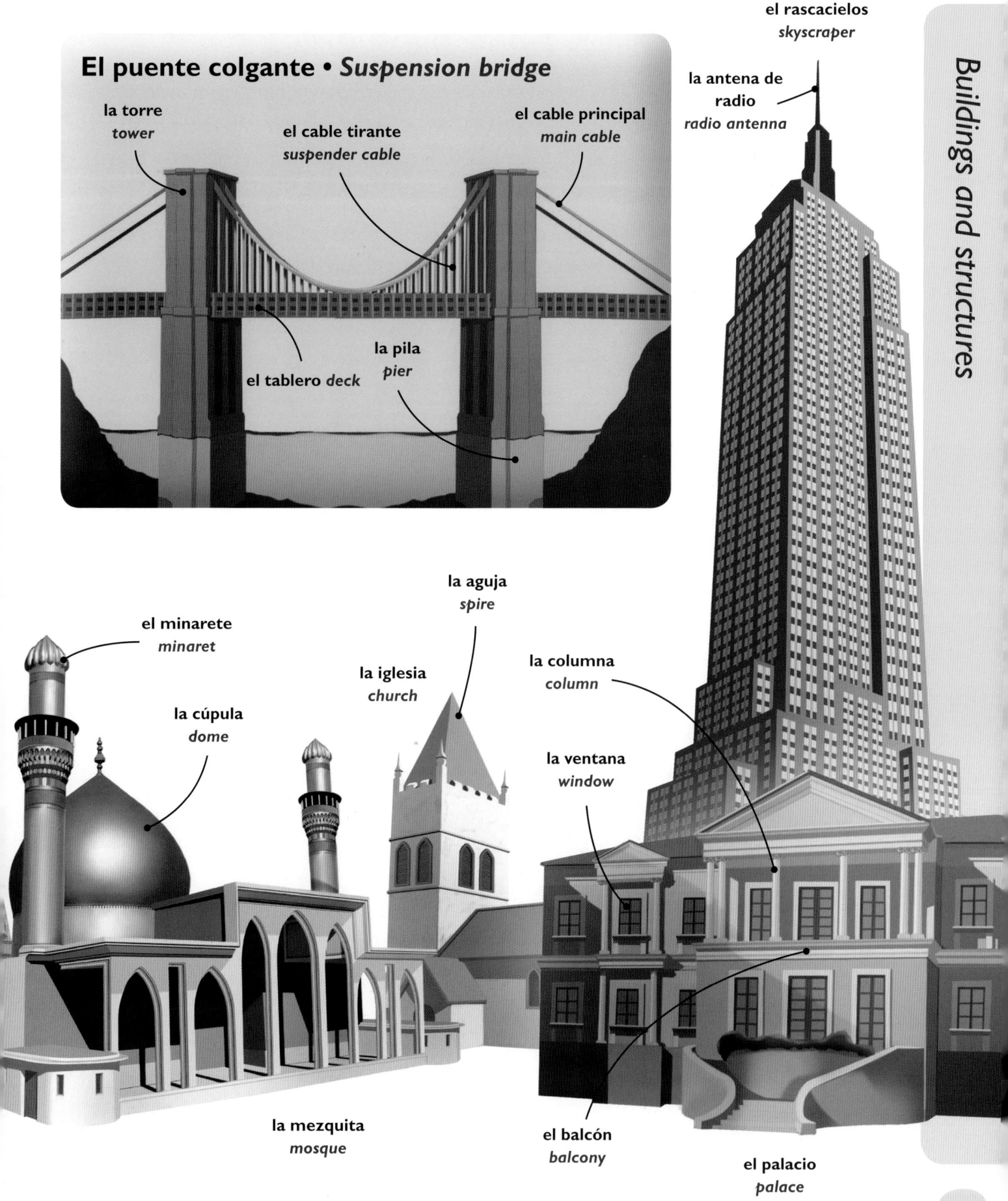
El puente colgante • Suspension bridge
la torre
tower
el cable tirante
suspender cable
el cable principal
main cable
el tablero deck
la pila
pier
el rascacielos
skyscraper
la antena de radio
radio antenna
la aguja
spire
el minarete
minaret
la iglesia
church
la columna
column
la cúpula
dome
la ventana
window
la mezquita
mosque
el balcón
balcony
el palacio
palace

Fuerzas y máquinas • *Forces and machines*

Las fuerzas de empujar y tirar hacen que un cuerpo se ponga en movimiento o se detenga. El momento mantiene a los cuerpos en movimiento una vez que se ha empujado o tirado de ellos. La fricción actúa sobre los cuerpos haciendo que se paren y la fuerza de la gravedad actúa sobre los cuerpos atrayéndolos a la Tierra.

Forces are pushes or pulls that make an object move or make it stop. Momentum keeps objects moving after they have been pushed or pulled. Friction acts on objects to make them stop moving. The force of gravity pulls objects down toward the Earth.

Fuerzas en acción • *Forces in action*

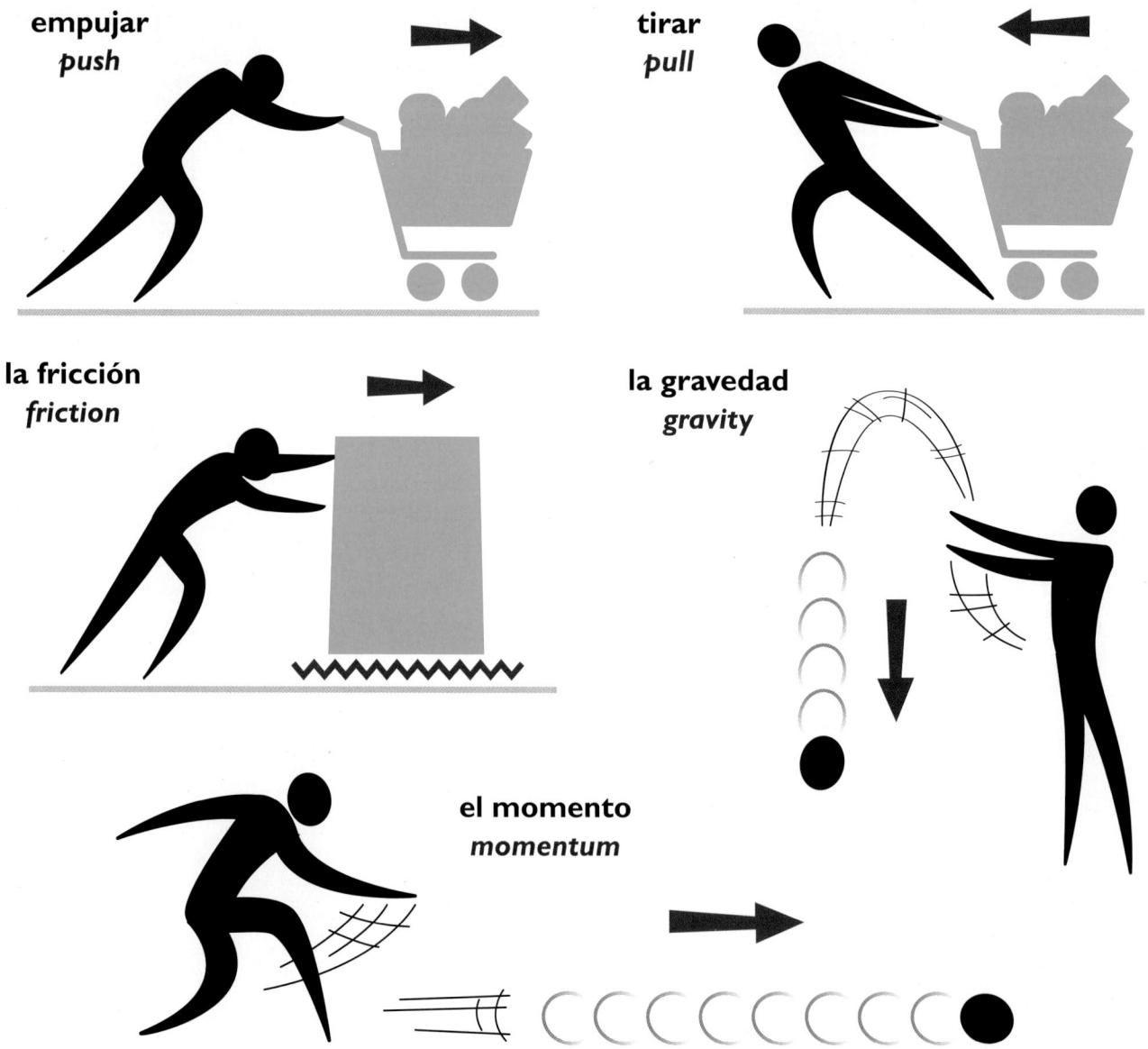

Máquinas sencillas • *Simple machines*

Empujando y tirando se pueden levantar pesos pesados con máquinas sencillas.

Pushes and pulls can be used in machines to lift heavy loads.

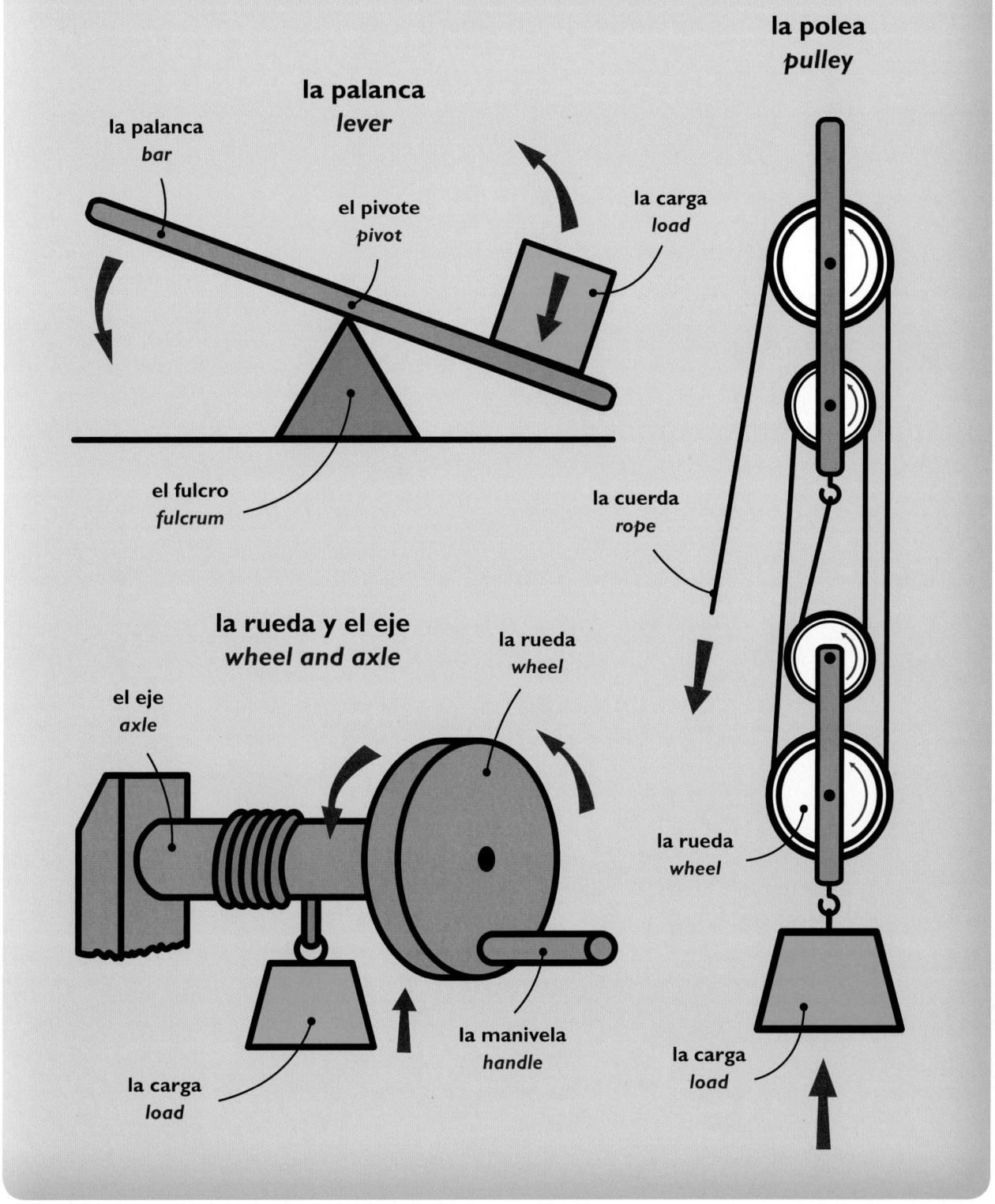

Computadoras y dispositivos electrónicos
Computers and electronic devices

Las computadoras y los dispositivos electrónicos han transformado nuestro modo de vivir y trabajar. Nos comunicamos al instante con gente de todo el mundo y a través de las redes sociales nos mantenemos en contacto con nuestros amigos, y también buscamos información en Internet.

Computers and electronic devices transform the way we live and work. We communicate instantly with people all over the world. We keep up with friends through social networks, and we search the Internet for information.

En Internet • *On the Internet*

el archivo adjunto • *attachment*
la página inicial • *home page*
el chat • *chat*
conectar • *connect*
el correo electrónico • *e-mail*
el blog • *blog*
twitear • *tweet*
buscar • *search*
explorar • *browse*
navegar • *surf*
bajar • *download*
subir • *upload*
wifi • *wi-fi*

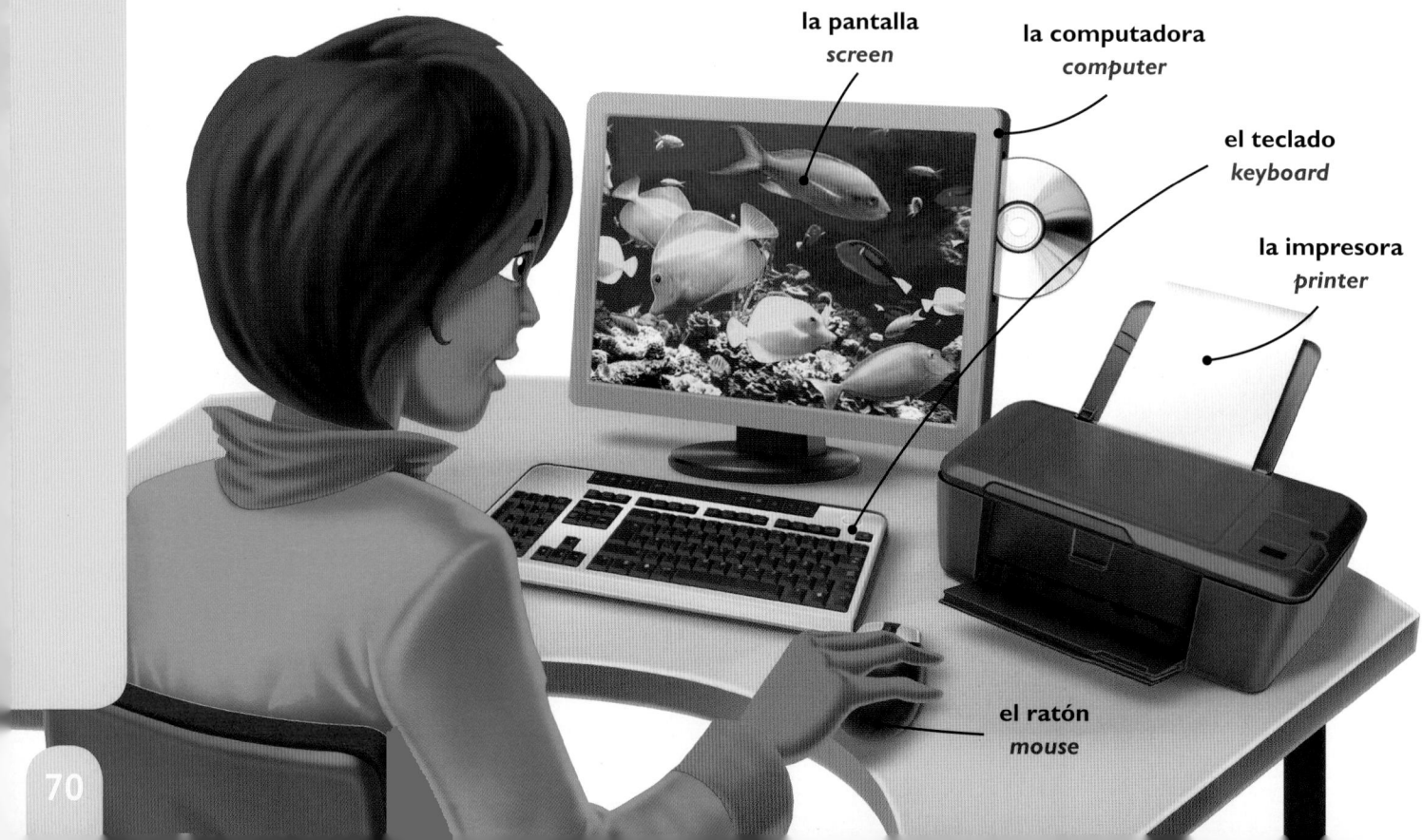

el reproductor de **MP3**
MP3 player

el teléfono móvil
mobile phone

la llave **USB**
memory stick

la cámara digital
digital camera

el tablet
tablet

la computadora portátil
laptop

el ereader
e-reader

Operaciones en la computadora • *Computer actions*

conectar • *connect*
iniciar sesión • *log on*
cerrar sesión • *log off*
teclear • *type*
desplazarse • *scroll*
hacer clic • *click*
arrastrar • *drag*
cortar • *cut*
pegar • *paste*

insertar • *insert*
borrar • *delete*
formatear • *format*
editar • *edit*
pasar el corrector ortográfico • *spell check*
imprimir • *print*
escanear • *scan*
guardar • *save*
hacer una copia de seguridad • *back up*

Mamíferos • *Mammals*

Los mamíferos se caracterizan por tener sangre caliente, es decir tienen temperatura constante incluso cuando el ambiente sea frío. Las crías se desarrollan en el interior de las hembras (en lugar de en un huevo) y son amamantadas por la madre. Hay mamíferos de todos los tamaños, desde ratones y murciélagos diminutos hasta elefantes, ballenas y delfines enormes.

Mammals are warm-blooded, which means they can stay warm even in cold surroundings. Female mammals give birth to live babies (rather than eggs) and feed their babies with milk. Mammals range in size from tiny mice and bats to enormous elephants, whales, and dolphins.

Raros y extraordinarios
Unusual and extraordinary

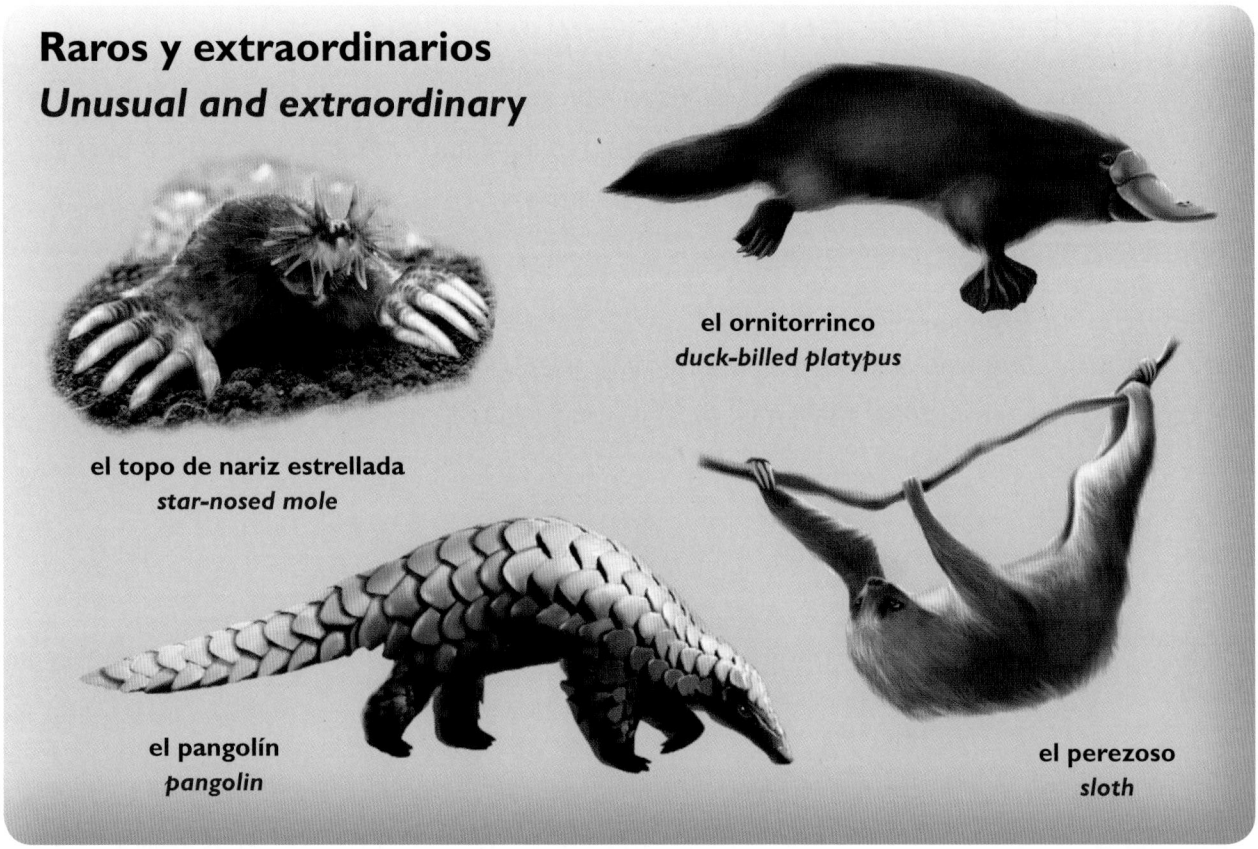

Animales domésticos • *Working animals*

Algunos animales viven en contacto directo con el hombre. Los animales grandes de labor tiran o acarrean cargas pesadas. Los perros realizan tareas útiles, como arrear las ovejas, rastrear o cazar. Los animales domésticos nos proporcionan carne, leche o huevos y mucha gente los tienen como mascotas.

Some animals live very closely with people. Large working animals pull or carry heavy loads. Dogs perform many useful tasks, such as herding sheep, tracking, or hunting. Farm animals are kept for their meat or for their milk or eggs, and many people like to keep animals as pets.

Animales pequeños
Small animals

el ratón
mouse

el hámster
hamster

el loro
parrot

el conejillo de Indias
guinea pig

el periquito
parakeet

la vaca
cow

el burro
donkey

el pato
duck

el pavo
turkey

el ganso
goose

el perro de rescate de montaña
mountain-rescue dog

el gato
cat

la gallina
hen

el gallo
rooster

Reptiles y anfibios • *Reptiles and amphibians*

Los reptiles ponen huevos y tienen el cuerpo cubierto de escamas. Son reptiles los cocodrilos, las tortugas y las serpientes. Los anfibios tienen la piel suave y normalmente parece que está mojada. Se reproducen en el agua, pero viven fuera. Son anfibios los sapos, las ranas y los tritones.

Reptiles lay eggs and have scaly skin. They include crocodiles, tortoises, and snakes. Amphibians have smooth skin that usually feels damp. They live on land but breed in water. Amphibians include toads, frogs, and newts.

Serpientes • *Snakes*

la mamba
green mamba

la serpiente de coral
coral snake

la víbora puff
puff adder

la serpiente pitón
python

la cobra egipcia
Egyptian cobra

la rana del dardo
poison dart frog

el sapo
toad

el tritón
newt

el caimán
alligator

el cocodrilo
crocodile

Peces • *Fish*

Los peces son animales acuáticos que viven y se reproducen en el agua; la mayoría tienen la piel recubierta de escamas y se desplazan por el agua utilizando sus aletas y su potente cuerpo y cola. Los peces respiran debajo del agua a través de las agallas, las cuales absorben el oxígeno que está disuelto en el agua.

Fish live and breed in water. Most fish are covered in scales, and they swim by using their fins and their powerful bodies and tails. Fish use gills to breathe under water. The gills take in the oxygen that is dissolved in water.

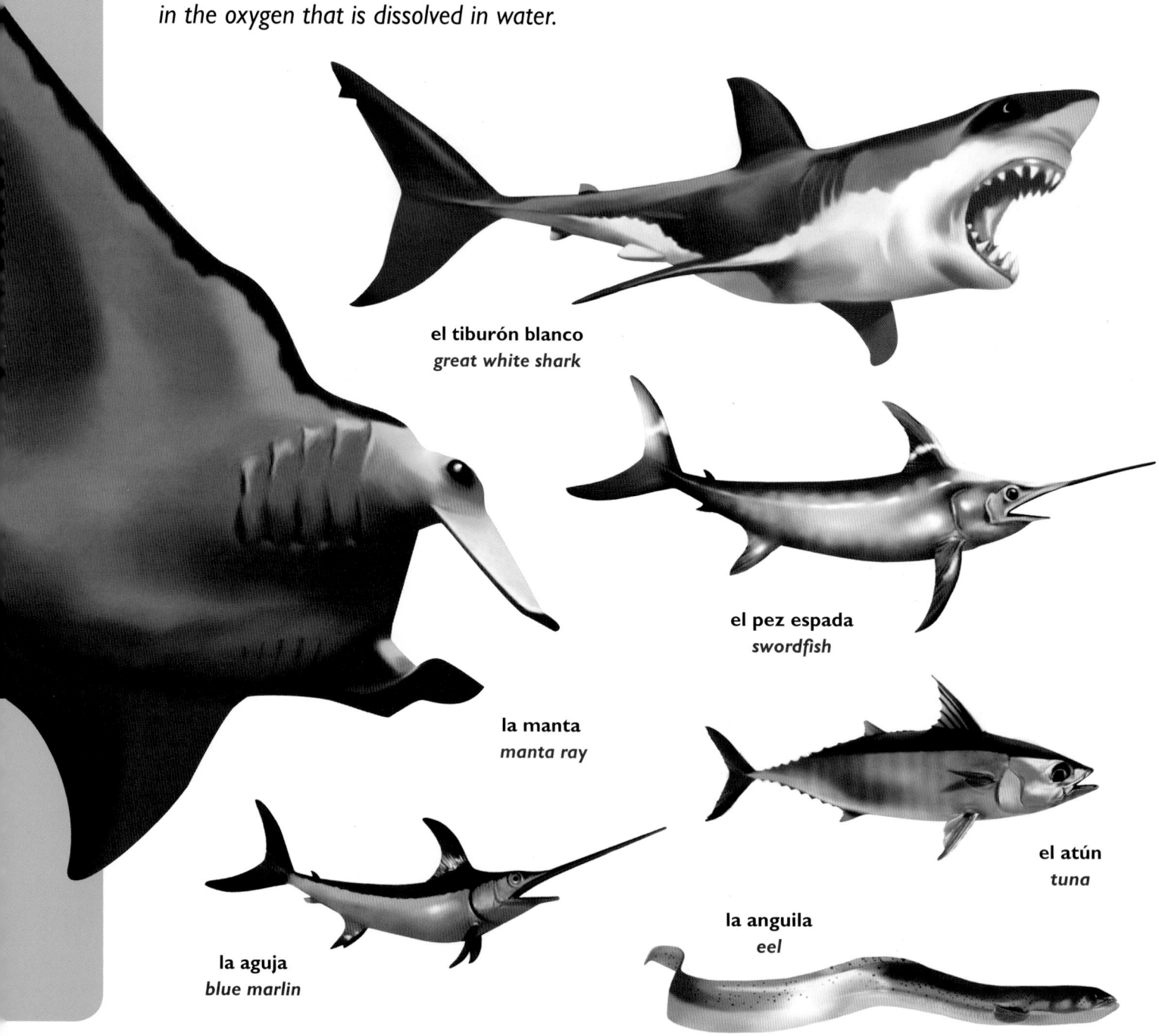

Partes de un pez • *Parts of a fish*

el perro marino
dogfish

la platija
flounder

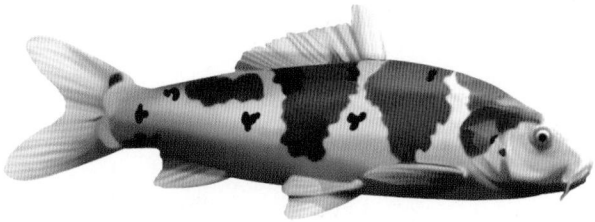

la carpa de espejuelos
koi

la piraña
piranha

la caballa
mackerel

el pez ángel
angelfish

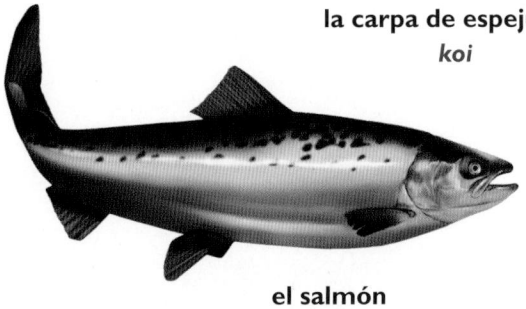

el salmón
salmon

la sardina
sardine

el alevín
minnow

el tetra neón
neon tetra

el bacalao
cod

el lucio
pike

Animales marinos
Sea creatures

A medida que nos sumergimos en el mar, nos vamos a encontrar con una gran variedad de animales marinos. Hay mamíferos (como las ballenas y los delfines), anfibios (como las tortugas de mar), reptiles marinos (como las serpientes de mar), y una gran diversidad de peces.

As you dive deep into the sea, you find an amazing range of creatures. There are mammals (such as whales and dolphins), amphibians (like turtles), marine reptiles (like sea snakes), and many varieties of fish.

1. **el pez volador** *flying fish*
2. **la anémona** *anemone*
3. **la foca** *seal*
4. **la ballena azul** *blue whale*
5. **el pulpo dumbo** *dumbo octopus*
6. **la langosta mantis** *mantis shrimp*
7. **la araña de mar** *sea spider*
8. **el delfín** *dolphin*
9. **la morsa** *walrus*
10. **la tortuga de mar** *sea turtle*
11. **la serpiente de mar** *sea snake*
12. **el pulpo** *octopus*
13. **la langosta** *lobster*
14. **el caballito de mar** *seahorse*
15. **el nautilo** *nautilus*
16. **el tiburón ballena** *whale shark*
17. **el calamar gigante** *giant squid*
18. **la medusa gigante** *giant jellyfish*
19. **el tiburón boreal** *Greenland shark*
20. **el pepino de mar** *sea cucumber*
21. **el isópodo gigante** *giant isopod*

8
9
10
11
12
13
14
15
16
17
18
19
20
21
7
2

Insectos • *Insects*

Los insectos tienen seis patas, no tienen columna vertebral, y tienen el cuerpo dividido en tres partes (la cabeza, el tórax y el abdomen). Otros insectos pequeños sin columna vertebral son las arañas, los ciempiés y los escarabajos.

Insects have six legs, no backbone, and a body divided into three parts (the head, the thorax, and the abdomen). Other small creatures without a backbone include spiders, centipedes, and beetles.

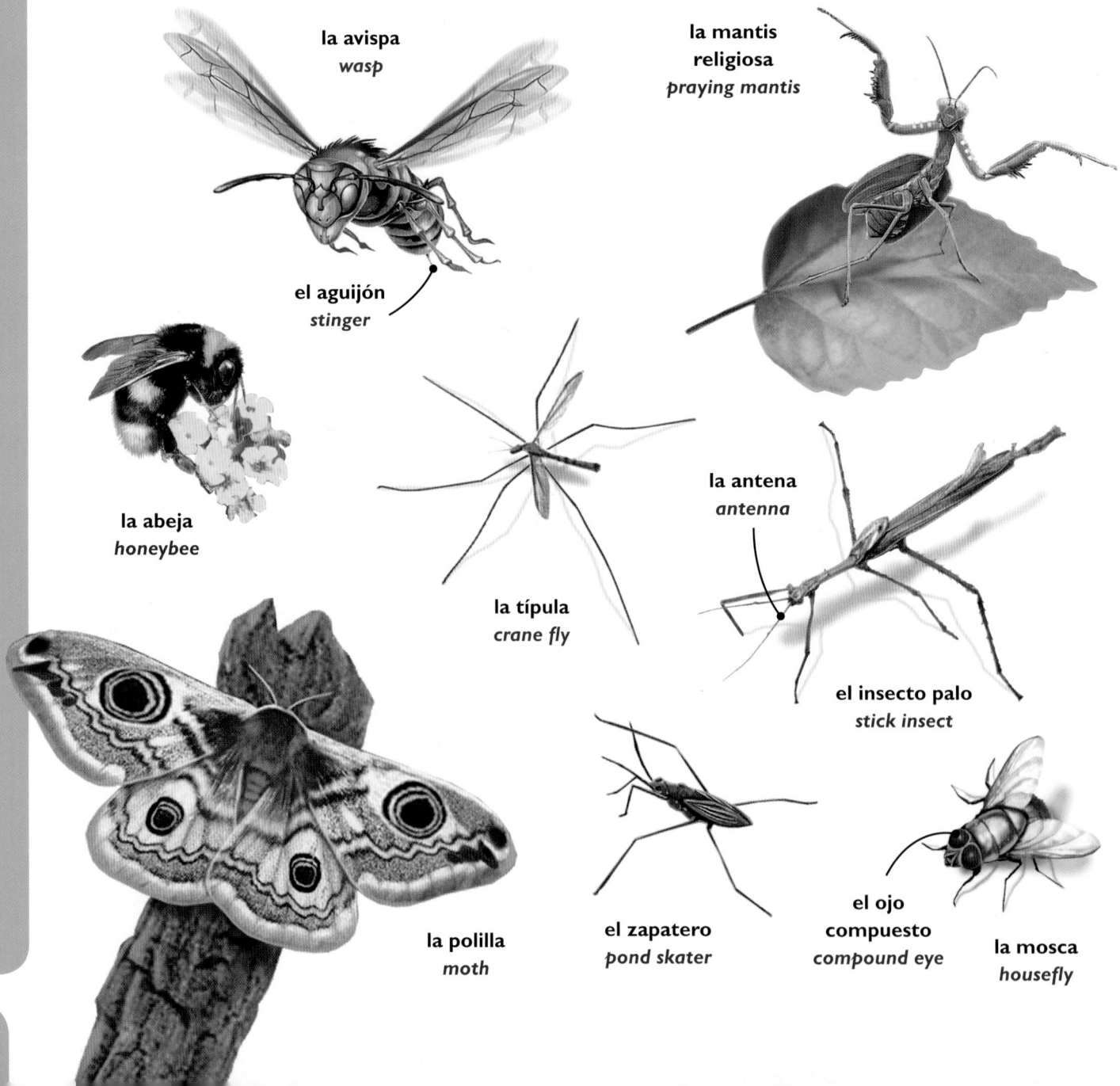

la libélula
dragonfly
la tijereta
earwig
el chinche
bedbug
la pulga
flea
la cucaracha
cockroach
el mosquito
mosquito
la oruga
caterpillar
la mariposa
butterfly
la cabeza
head
el tórax
thorax
el abdomen
abdomen
la hormiga *ant*
el áfido
aphid
la mariquita
ladybug
el saltamontes
grasshopper

Animales nocturnos • *Nocturnal creatures*

Los animales nocturnos duermen o descansan durante el día y cazan durante la noche.

Nocturnal creatures sleep or rest during the day. They come out in the evening or at night to look for food.

1. el tejón • *badger*
2. la polilla luna • *moth*
3. el lémur • *lemur*
4. la babosa leopardo • *leopard slug*
5. el lobo gris • *gray wolf*
6. el erizo • *hedgehog*
7. el escorpión • *scorpion*
8. la mofeta • *skunk*
9. el vampiro • *vampire bat*

10 el mapache • *raccoon*

11 el lirón • *dormouse*

12 el tarsero • *tarsier*

13 el zorro • *fox*

14 el puercoespín • *porcupine*

15 el ermitaño • *hermit crab*

16 la zarigüeya • *opossum*

17 el armadillo • *armadillo*

18 la lechuza • *barn owl*

Aves • *Birds*

Las aves tienen dos patas, dos alas y un pico. Todas las aves ponen huevos y tienen el cuerpo cubierto de plumas. La mayoría de las aves pueden volar, pero hay algunas, como el pingüino, el emú y el avestruz, que no pueden volar.

Birds have two legs, two wings, and a beak. All birds lay eggs and are covered with feathers. Most birds can fly, but there are some flightless birds, such as the penguin, the emu, and the ostrich.

el martín pescador
kingfisher

la golondrina
swallow

el pájaro carpintero
woodpecker

el petirrojo
robin

la garza real
heron

el cuco
cuckoo

el mirlo
blackbird

el pavo real
peacock

Exóticas y maravillosas • *Astonishing and amazing*

Árboles y arbustos • *Trees and shrubs*

Los árboles son plantas muy grandes que tardan varios años en alcanzar su altura natural; tienen el tronco ancho y leñoso y las raíces muy profundas. Los arbustos son matas de tallo leñoso. Son arbustos algunas hierbas, como por ejemplo la lavanda, el romero y la salvia.

Trees are very large plants that take many years to grow to their full size. They have a thick and woody trunk and very deep roots. Shrubs are bushes with woody stems. They include some herbs, such as lavender, rosemary, and sage.

la secuoya
redwood

el pino
pine

el tejo
yew

el baobab
baobab

el abeto
fir

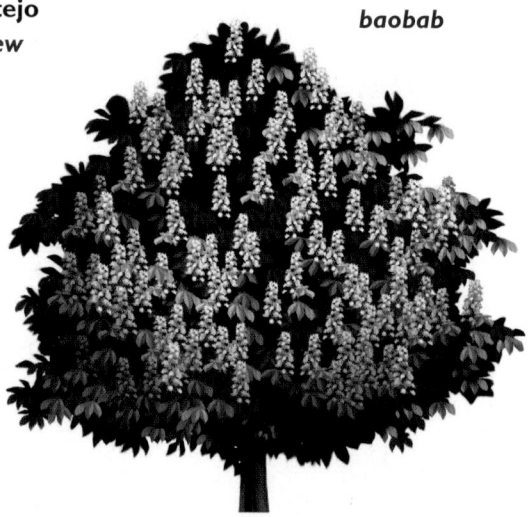

el castaño de Indias
chestnut

la palmera
palm

el roble
oak

el haya
beech

el acebo
holly

el olivo
olive

el cerezo
cherry

el manzano
apple

el limonero
lemon

la mimosa
mimosa

el romero
rosemary

la lavanda
lavender

Partes de un árbol
Parts of a tree

las hojas
leaves

las ramas
branch

el tronco
trunk

la corteza
bark

la raíz
root

el sicomoro • *sycamore*

el eucalipto
eucalyptus

Todo tipo de plantas • *All sorts of plants*

Las plantas son verdes y necesitan luz para crecer. Hay muchos tipos distintos de plantas. Son plantas las flores, las hierbas aromáticas, las plantas herbáceas, los cactus, los helechos y los musgos.

Plants are green and need light to grow. There are many different types of plants, including flowering plants, herbs, grasses, cacti, ferns, and mosses.

la margarita
daisy

la hierba de las Pampas
pampas grass

el diente de león
dandelion

Partes de una planta en flor
Parts of a flowering plant

el pétalo
petal

el capullo
bud

la flor
flower

el peciolo
leaf stalk

la hoja
leaf

el tallo
stem

la raíz
root

el musgo
moss

el helecho
fern

el bambú
bamboo

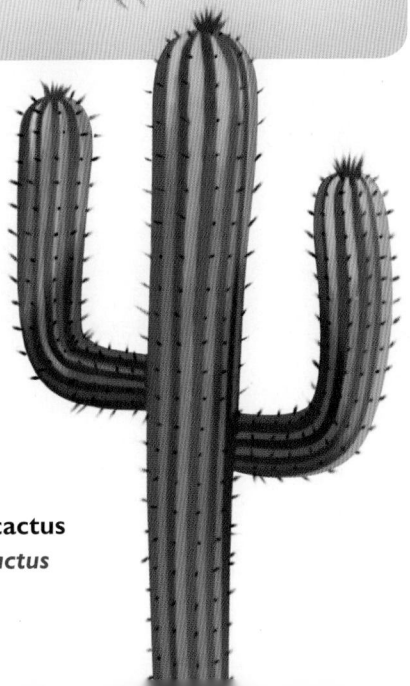

el cactus
cactus

Pueblos y ciudades • *Towns and cities*

En el centro de nuestros pueblos y ciudades hay oficinas, museos y bancos y algunos de los edificios más grandes del mundo; en las afueras están los barrios residenciales, donde vive la mayoría de la gente.

In the center of our towns and cities are offices, museums, banks, and some of the tallest buildings in the world. On the outskirts are the suburbs, where most people live.

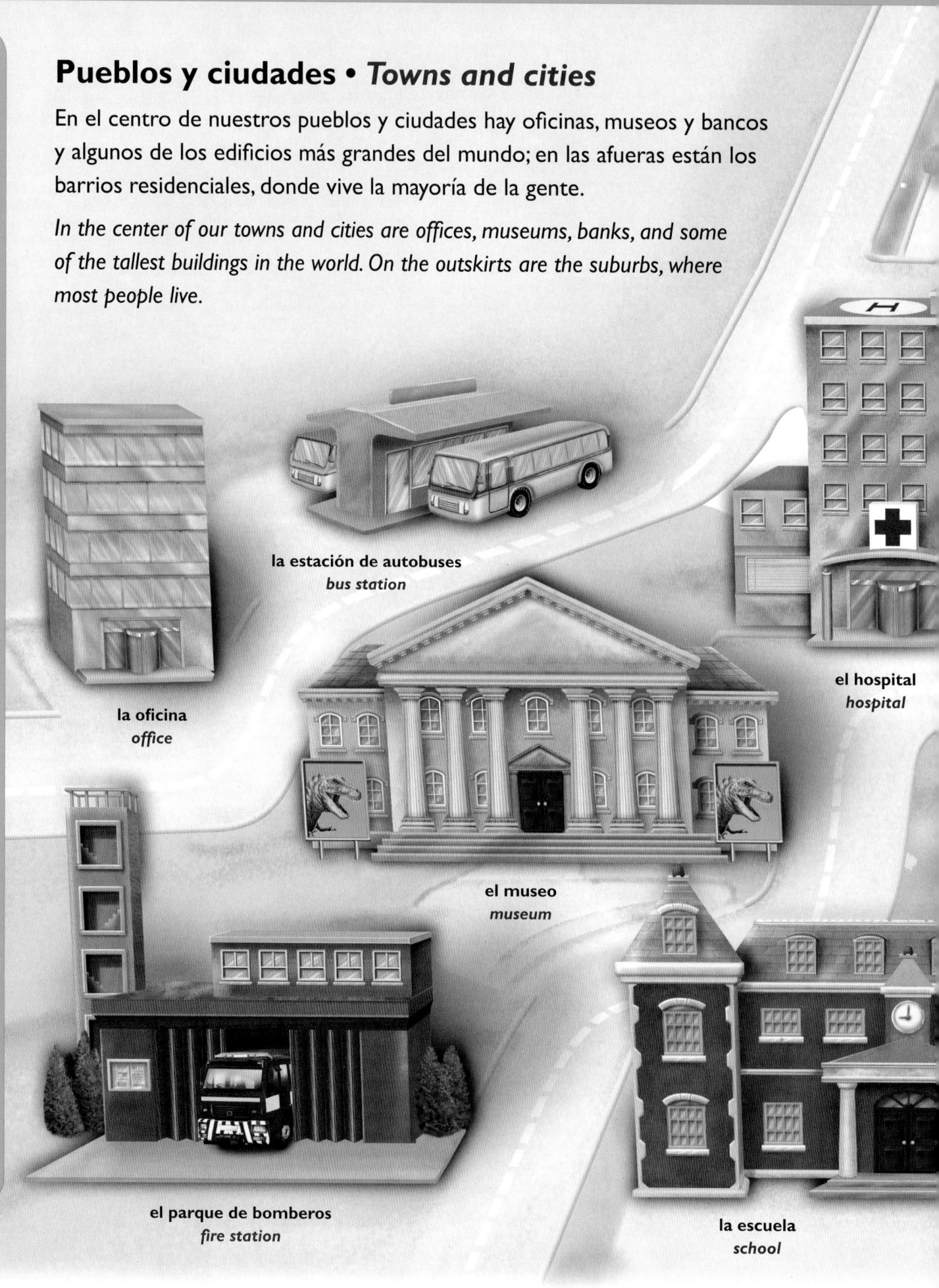

el parking
parking lot
el estadio
stadium
el supermercado
supermarket
el hotel
hotel
el ayuntamiento
city hall
el restaurante
restaurant
el cine
movie theater

En la calle • *On the street*

Las calles de las ciudades pueden ser muy bulliciosas, ya que en ellas hay muchas tiendas, negocios y cafés. Algunas calles son peatonales y así es más agradable ir de compras y salir con los amigos.

City streets can be very lively places. They are full of shops, businesses, and cafes. In some streets, most traffic is banned so the pedestrians can enjoy shopping and meeting friends.

1. **el café** *cafe*
2. **el quiosco** *newsstand*
3. **la tienda** *convenience store*
4. **el banco** *bank*
5. **la oficina de correos** *post office*
6. **el buzón** *mailbox*
7. **la parada de autobús** *bus stop*
8. **la calle** *road*
9. **la acera** *pavement*
10. **la farola** *streetlight*
11. **el parquímetro** *parking meter*
12. **la papelera** *trash can*
13. **la frutería** *greengrocer*
14. **la librería** *bookstore*

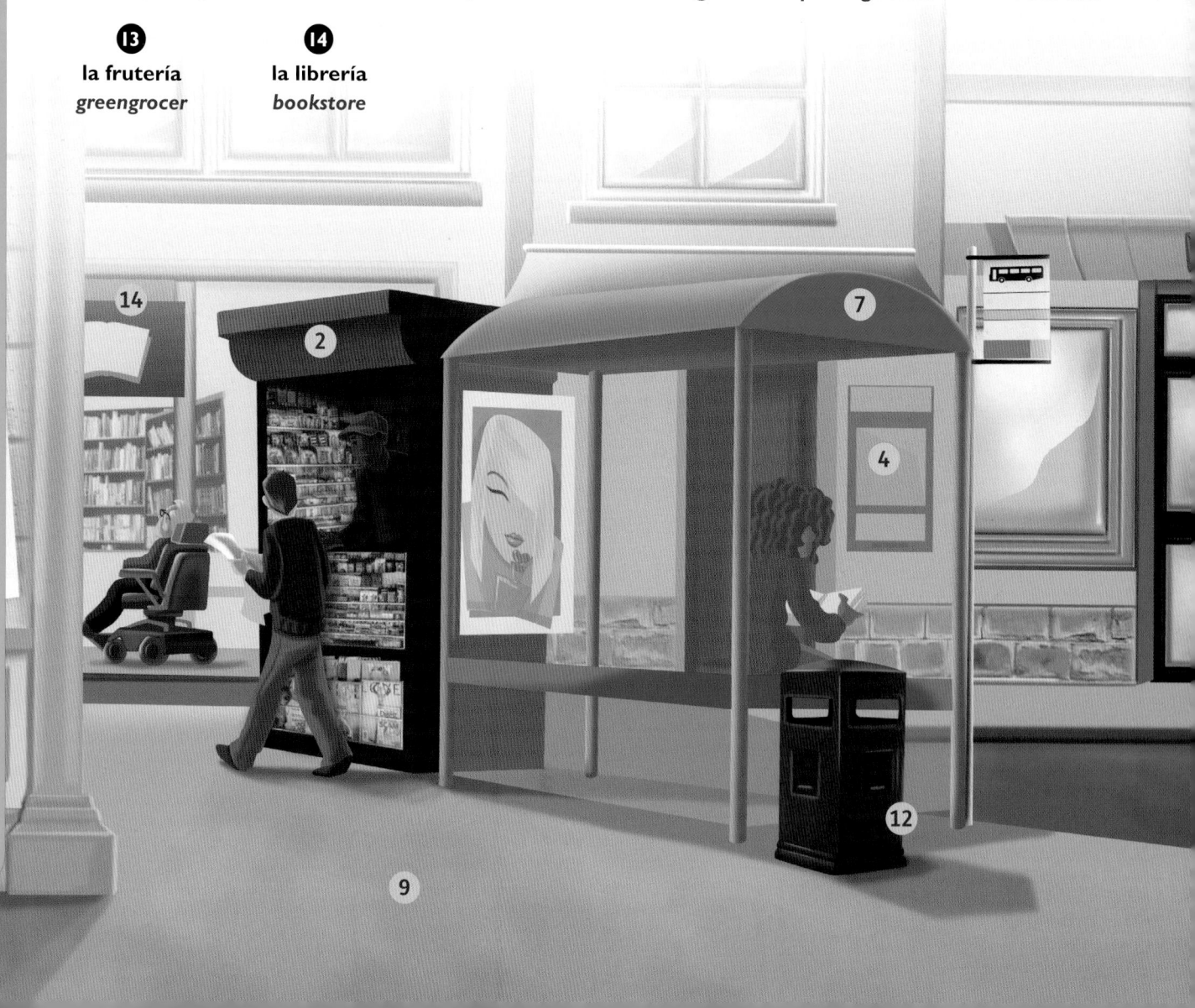

Todo tipo de tiendas • *All sorts of shops*

la juguetería
toy store

la panadería
baker

la carnicería
butcher

la farmacia
pharmacy

la tienda de ropa
clothes store

la tienda de golosinas
candy store

la floristería
florist

la tienda de regalos
gift shop

la tienda de periódicos
newsstand

la pajarería
pet shop

la zapatería
shoe store

En el campo • *In the country*

En todas las partes del mundo, se trabaja el campo y se crían animales. Los agricultores cultivan productos agrícolas y los ganaderos crían vacas lecheras o cabras para obtener su leche, que a veces se transforma en queso, mantequilla o en otros productos lácteos.

All over the world, people farm the land and raise animals in the countryside. Many farmers, such as wheat or soybean farmers, grow crops. Other farmers, such as dairy farmers, keep cows or goats for their milk. Milk is sometimes turned into cheese, butter, or other dairy products.

Cultivos y hortalizas • *Crops and vegetables*

la caña de azúcar • ***sugarcane***

la soja • ***soybeans***

el maíz • ***corn***

el trigo • ***wheat***

las calabazas • ***pumpkins***

las papas • ***potatoes***

el arroz • ***rice***

las uvas • ***grapes***

Vehículos y máquinas agrícolas • *Farm vehicles and machinery*

la cosechadora
combine harvester

la empacadora
baler

el quad
quad bike

el pico
pickax

la carretilla
wheelbarrow

la pala
shovel

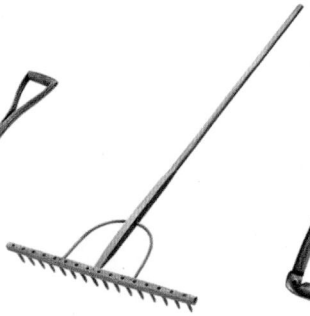

el rastrillo
rake

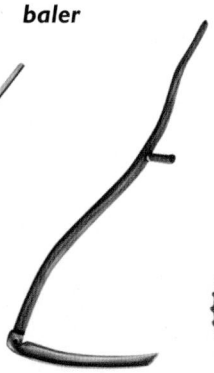

la guadaña
scythe

el tractor
tractor

Edificios de la granja • *Farm buildings*

la torre de ensilaje
silo

el cobertizo de ordeño
milking shed

la cuadra
stables

el redil
animal pen

la casa de labranza
farmhouse

el granero
barn

la nave de la maquinaria
machinery sheds

Paisajes y hábitats • *Landscapes and habitats*

En la Tierra hay muchos tipos de paisajes. Cada paisaje facilita un hábitat especial para un tipo distinto de fauna y flora. Los paisajes varían desde hielo muy espeso y nieve en el polo Norte y en el polo Sur hasta selvas tropicales húmedas cerca del ecuador.

The Earth has many different types of landscapes, and each landscape provides a special habitat for a different set of wildlife. Landscapes can range from thick ice and snow around the North and South Poles to steamy rain forests close to the equator.

el océano
ocean

la orilla del mar
seashore

la montaña
mountain

la selva tropical
rain forest

el desierto
desert

las praderas
grasslands

el glaciar
glacier

el bosque de hoja perenne
evergreen forest

el bosque
woodland

el lago
lake

la región polar
polar region

la zona pantanosa
swamp

el brezal
bog

Etapas de un río
Stages of a river

Los ríos proporcionan un hábitat muy cambiante para la fauna y la flora: en su nacimiento son arroyos de escaso caudal y de corriente rápida, y en la desembocadura son ríos anchos y de corriente lenta.

Rivers provide a changing habitat for wildlife, starting with a tiny, fast-flowing stream, and ending in a broad, slow-moving river.

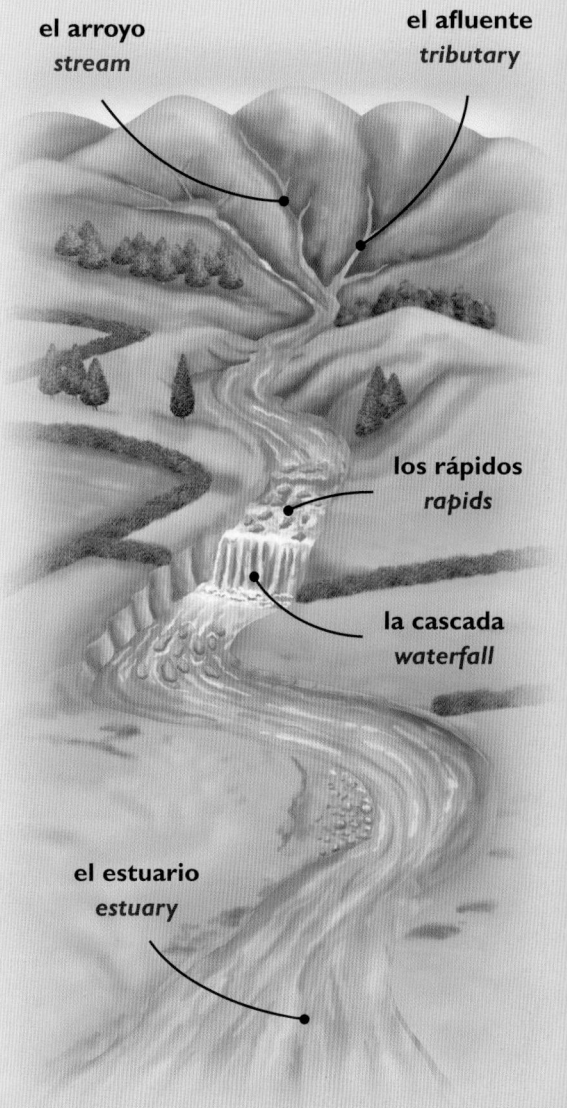

El tiempo • *Weather*

Los lugares próximos al ecuador tienen clima tropical; el tiempo en esta zona es caluroso y húmedo durante todo el año. En los lugares situados más al norte y al sur el clima es templado y se caracteriza por ser frío en invierno, más suave en primavera y otoño y cálido en verano.

Places close to the equator have a tropical climate. The weather there is hot and humid all year round. In places farther north and south, the climate is temperate. It is cold in the winter, cool in spring and autumn, and warm in summer.

soleado • *sunny*

nublado • *cloudy*

lluvioso • *rainy*

de niebla • *foggy*

de neblina tóxica • *smoggy*

de nieve • *snowy*

glacial • *icy*

el vendaval de polvo • *dust storm*

la granizada • *hailstorm*

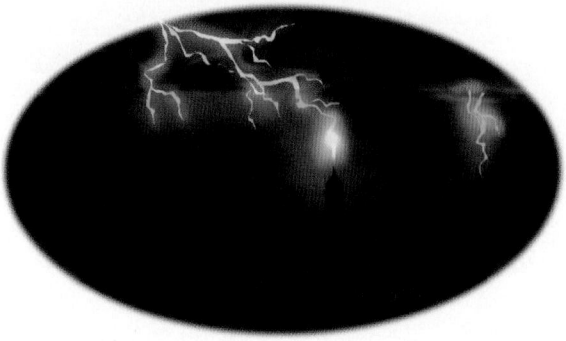

la tormenta • *thunderstorm*

el tornado • *tornado*

Para hablar de temperaturas
Temperature words

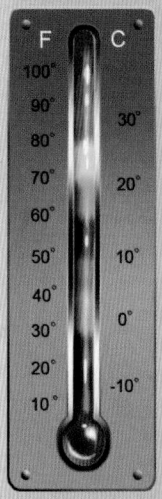

caluroso
hot

cálido
warm

fresco
cool

frío
cold

bajo cero
freezing

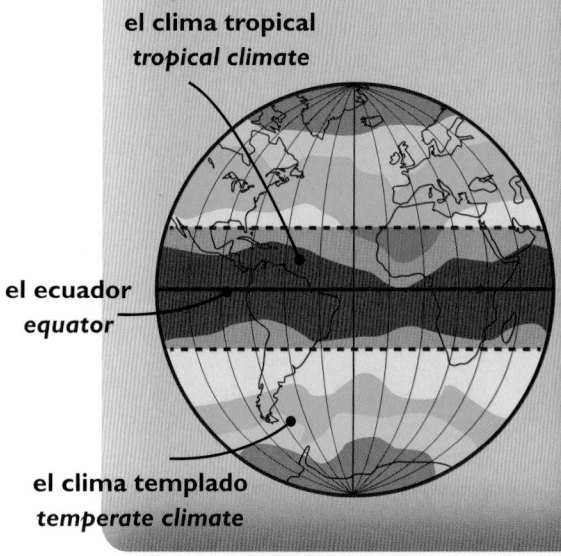

Contaminación y conservación
Pollution and conservation

La Tierra se encuentra amenazada por contaminación de varios tipos. También estamos corriendo el riesgo de agotar los recursos energéticos de la Tierra. Si queremos salvar nuestro planeta, tenemos que reducir la contaminación y ahorrar energía.

Planet Earth is threatened by many kinds of pollution. We are also in danger of using up the Earth's resources of energy. If we want to save our planet, we must reduce pollution and conserve (save) energy.

Tipos de contaminación
Types of pollution

los desechos peligrosos
hazardous waste

la contaminación de las aguas
water contamination

la contaminación atmosférica
air pollution

la intoxicación por pesticidas
pesticide poisoning

la radiación
radiation

la contaminación acústica
noise pollution

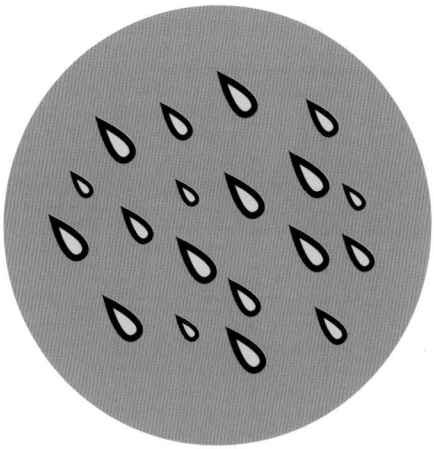

la lluvia ácida
acid rain

el vertido de petróleo
oil spill

la contaminación lumínica
light pollution

Ahorro de energía • *Energy conservation*

Podemos tomar varias medidas para ayudar a ahorrar energía y mantener nuestro planeta en buen estado.

People can take a range of steps to help save energy and keep the planet healthy.

el abono orgánico	la reutilización	el ahorro de energía
composting	*reuse*	*conserving energy*

el reciclaje
recycling

La Tierra
Planet Earth

Los seres humanos viven en la superficie de la corteza terrestre, y esta corteza tiene forma de diferentes paisajes. Debajo de la corteza hay varias capas de roca, y algunas están fundidas (a temperaturas muy altas y líquidas). Los volcanes entran en erupción cuando la roca fundida, llamada lava, es expulsada a la superficie de la Tierra de forma violenta.

Humans live on the surface crust of the Earth, and this crust is molded into different landscape features. Underneath the crust are several layers of rock, and some of them are molten (very hot and liquid). Volcanoes erupt when molten rock, called lava, bursts through the Earth's crust.

El interior de la Tierra
Inside the Earth

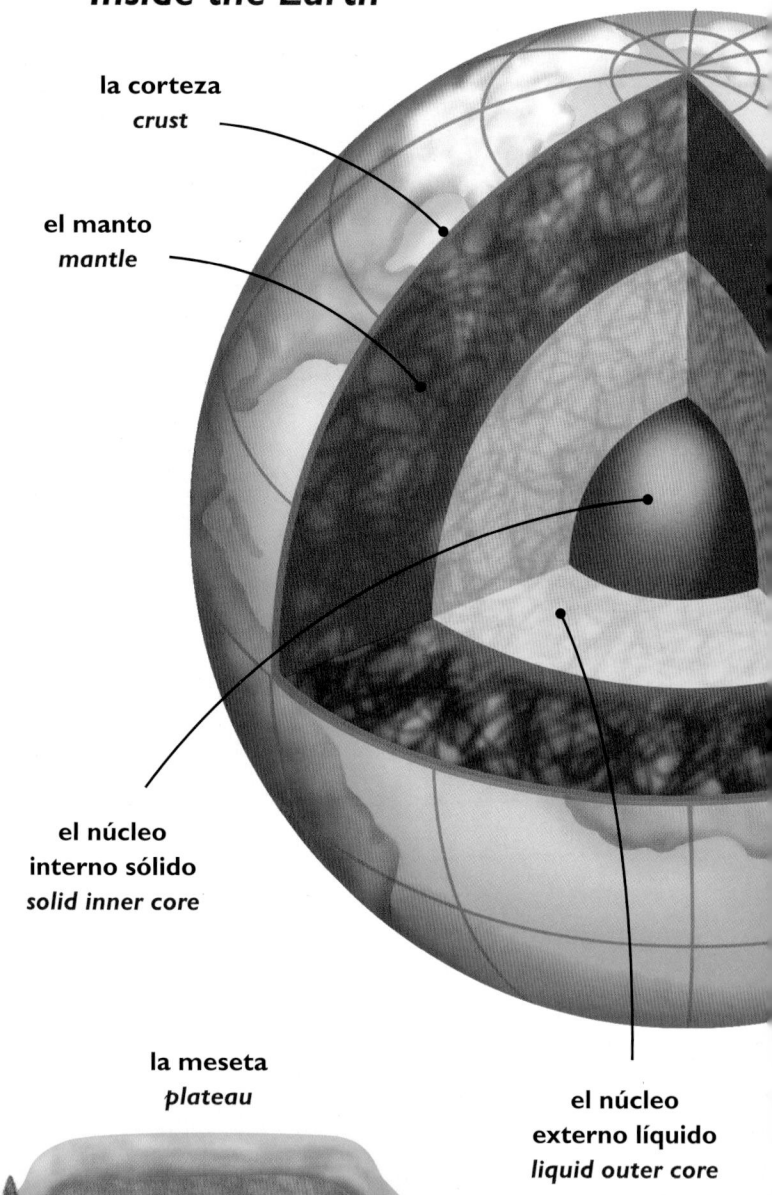

Topografía del paisaje
Landscape features

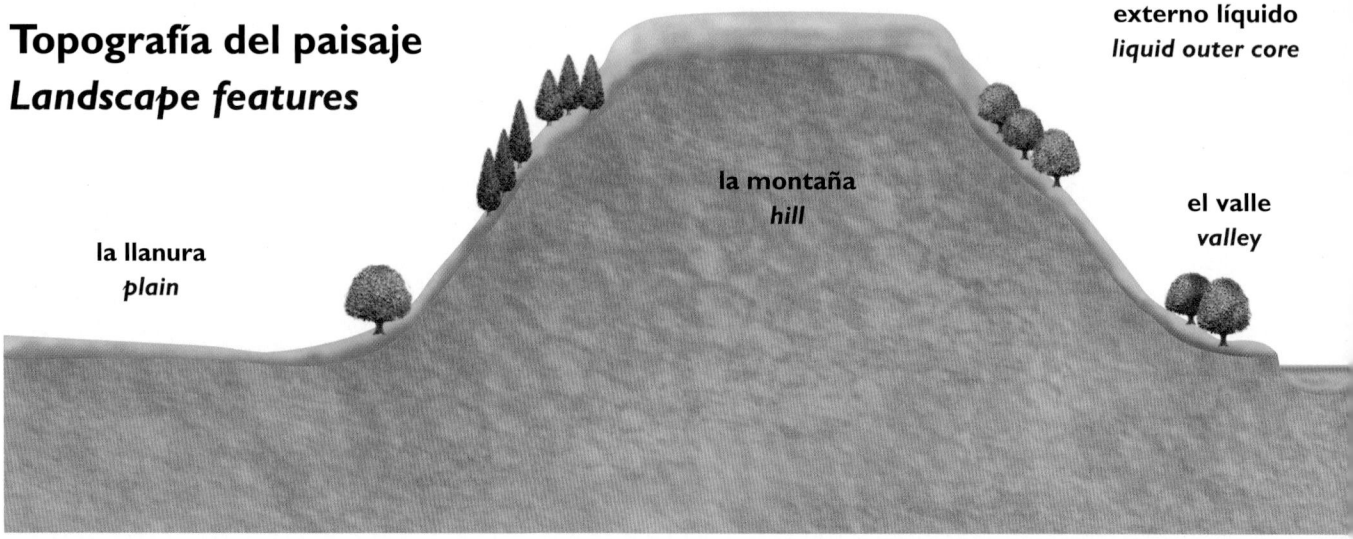

El interior de un volcán
Inside a volcano

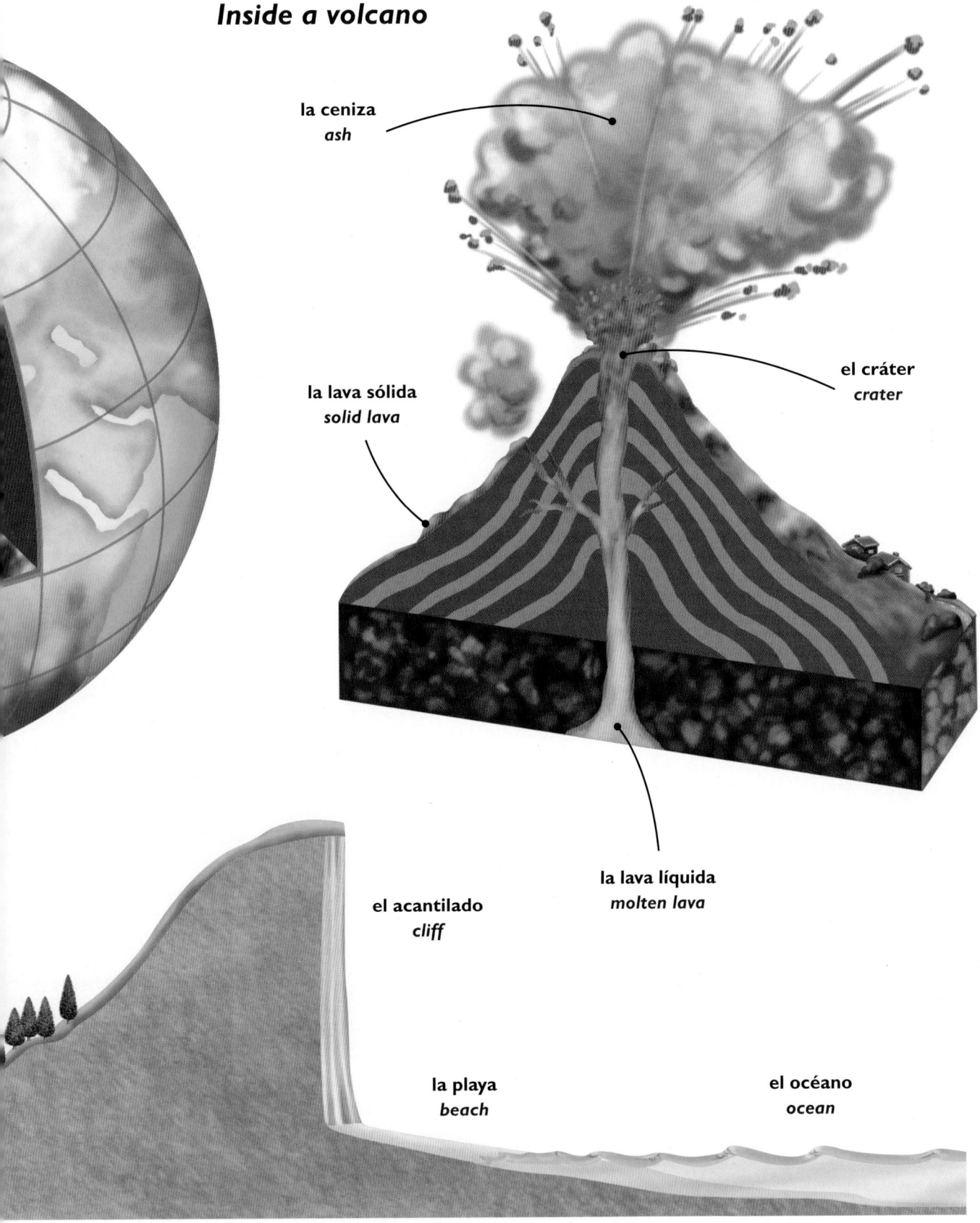

El sistema solar
The solar system

Nuestro sistema solar está compuesto por el Sol y los planetas que giran a su alrededor. En nuestro sistema solar hay ocho planetas y muchas lunas. También hay muchos asteroides y cometas que giran alrededor del Sol.

Our solar system is made up of the Sun and the planets that orbit it. In our solar system, there are eight planets and many moons. There are also many asteroids and comets that orbit the Sun.

el Sol
Sun

Mercurio
Mercury

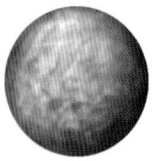

Venus
Venus

la Tierra
Earth

Marte
Mars

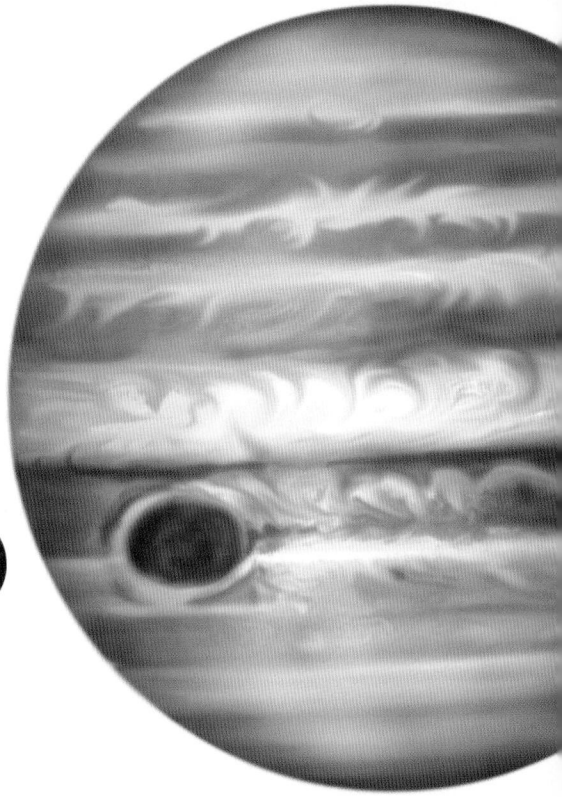

Júpiter
Jupiter

Palabras de astronomía • *Space words*

La gente utiliza los telescopios para estudiar el cielo por la noche. Los observadores de estrellas profesionales se llaman astrónomos.

People use telescopes to study the sky at night. Professional stargazers are called astronomers.

la estrella • ***star***

la constelación • ***constellation***

la luna • ***moon***

la Vía Láctea • ***Milky Way***

la galaxia • ***galaxy***

el meteoro • ***meteor***

el agujero negro • ***black hole***

Saturno
Saturn

Urano
Uranus

Neptuno
Neptune

Viajes espaciales • *Space travel*

El hombre lleva explorando el espacio desde hace más de 50 años. Cohetes potentes lanzan al espacio transbordadores espaciales y otras naves espaciales. Las sondas y las estaciones espaciales investigan el espacio, y los robots exploradores y los módulos de aterrizaje exploran otros planetas. Algunas naves espaciales van tripuladas por astronautas, pero muchas son controladas por robots.

Humans have been exploring space for over 50 years. Powerful rockets launch space shuttles and other spacecraft into space. Probes and space stations investigate space, and rovers and landers explore other planets. Some spacecraft carry astronauts, but many are operated by robots.

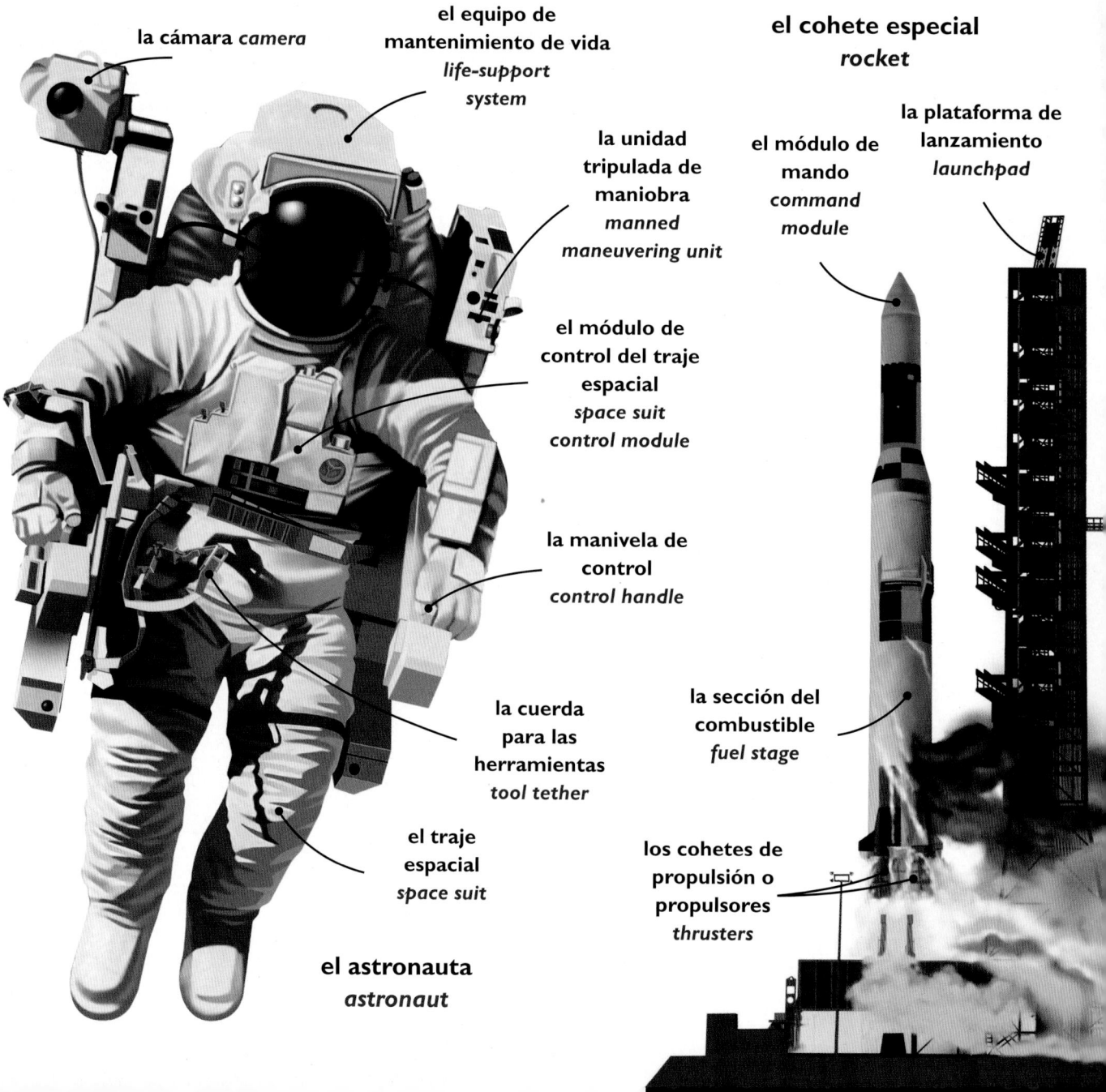

el transbordador espacial
space shuttle

la sonda espacial
space probe

la estación espacial
space station

el módulo de aterrizaje lunar
moon lander

el robot explorador de Marte
Mars rover

Satélites • *Satellites*

Los satélites giran alrededor de la Tierra. Se utilizan para sacar fotografías, retransmitir mensajes y para el seguimiento meteorológico.

Satellites orbit the Earth. They are used to take photographs, to transmit messages, and to track the weather.

satélite de observación de la Tierra
Earth observation satellite

satélite meteorológico
weather satellite

satélite de comunicaciones
communications satellite

Los números • *Numbers*

0 cero • *zero*
1 uno • *one*
2 dos • *two*
3 tres • *three*
4 cuatro • *four*
5 cinco • *five*
6 seis • *six*
7 siete • *seven*
8 ocho • *eight*
9 nueve • *nine*
10 diez • *ten*
11 once • *eleven*
12 doce • *twelve*
13 trece • *thirteen*
14 catorce • *fourteen*
15 quince • *fifteen*
16 dieciséis • *sixteen*
17 diecisiete • *seventeen*
18 dieciocho • *eighteen*
19 diecinueve • *nineteen*
20 veinte • *twenty*
21 veintiuno • *twenty-one*
22 veintidós • *twenty-two*
23 veintitrés • *twenty-three*
24 veinticuatro • *twenty-four*
25 veinticinco • *twenty-five*
30 treinta • *thirty*
40 cuarenta • *forty*
50 cincuenta • *fifty*
60 sesenta • *sixty*
70 setenta • *seventy*
80 ochenta • *eighty*
90 noventa • *ninety*
100 cien • *a hundred, one hundred*
101 ciento uno • *a hundred and one, one hundred and one*

1,000
mil • *a thousand, one thousand*

10,000
diez mil • *ten thousand*

1,000,000
un millón • *a million, one million*

1,000,000,000
mil millones • *a billion, one billion*

1° primero, primera • *first*
2° segundo, segunda • *second*
3° tercero, tercera • *third*
4° cuarto, cuarta • *fourth*
5° quinto, quinta • *fifth*
6° sexto, sexta • *sixth*
7° séptimo, séptima • *seventh*
8° octavo, octava • *eighth*
9° noveno, novena • *ninth*
10° décimo, décima • *tenth*
11° undécimo, undécima • *eleventh*
12° duodécimo, duodécima • *twelfth*
13° decimotercero, decimotercera *thirteenth*
14° decimocuarto, decimocuarta *fourteenth*
15° decimoquinto, decimoquinta *fifteenth*

16° **decimosexto, decimosexta**
sixteenth

17° **decimoséptimo, decimoséptima**
seventeenth

18° **decimoctavo, decimoctava**
eighteenth

19° **decimonoveno, decimonovena**
nineteenth

20° **vigésimo, vigésima**
twentieth

21° **vigesimoprimero, vigesimoprimera**
twenty-first

30° **trigésimo, trigésima**
thirtieth

40° **cuadragésimo, cuadragésima**
fortieth

50° **quincuagésimo, quincuagésima**
fiftieth

60° **sexagésimo, sexagésima**
sixtieth

70° **septuagésimo, septuagésima**
seventieth

80° **octogésimo, octogésima**
eightieth

90° **nonagésimo, nonagésima**
ninetieth

100° **centésimo, centésima**
one hundredth

1,000° **milésimo, milésima**
one thousandth

Las fracciones
Fractions

una mitad • *half*
un tercio • *third*
una cuarta parte • *quarter*
una octava parte • *eighth*

Las medidas
Measurements

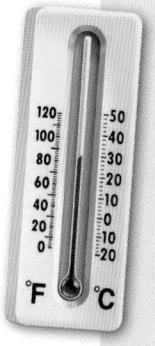

pulgada • *inch*
pie • *foot*
yarda • *yard*
milla • *mile*
onza • *ounce*
libra • *pound*
tonelada • *ton*
cuarto de galón • *quart*
pinta • *pint*
galón • *gallon*
grados Fahrenheit • *degrees Farenheit*
grados Celsius • *degrees Celsius*

la altura • *height*
la profundidad • *depth*
el ancho • *width*
la longitud • *length*

Operaciones aritméticas
Math words

multiplicar • *multiply*
sumar • *add*
restar • *subtract*
dividir • *divide*

El calendario y la hora

Los días de la semana
Days of the week

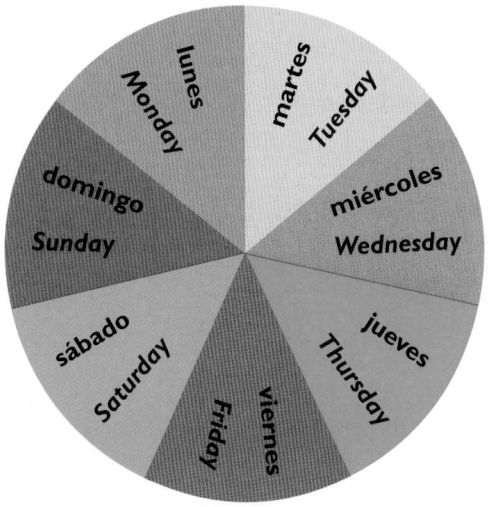

Los meses
Months

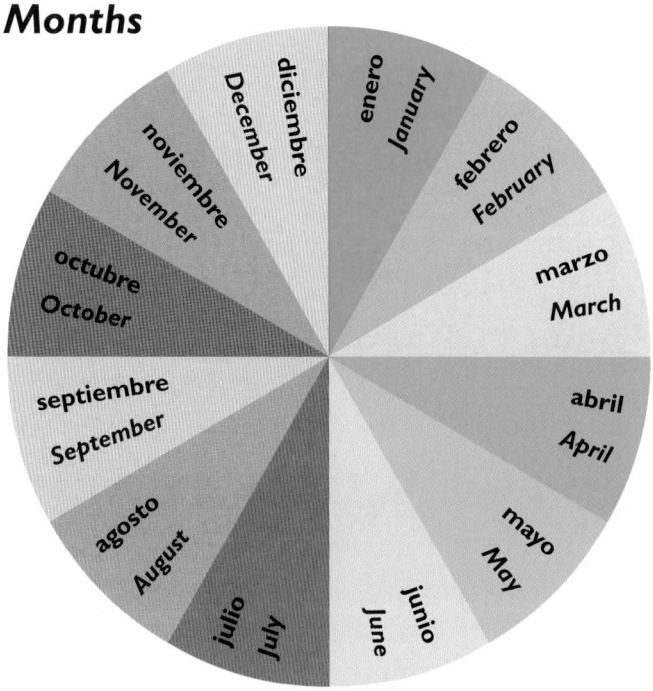

Las estaciones • *Seasons*

la primavera
spring

el verano
summer

el otoño
autumn

el invierno
winter

Palabras de tiempo • *Time words*

el milenio *millennium*	el siglo *century*	el año *year*
el mes *month*	la semana *week*	el día *day*
la hora *hour*	el minuto *minute*	el segundo *second*

Momentos del día • *Times of day*

el amanecer *dawn*	la mañana *morning*	el mediodía *midday*	la tarde *afternoon*
la tarde *evening*	la noche *night*	la medianoche *midnight*	

La hora • *Telling the time*

las nueve

nine o'clock

las nueve y cinco

five past nine

las nueve y diez

nine ten,
ten past nine

las nueve y cuarto

nine fifteen,
quarter past nine

las nueve y veinte

nine twenty,
twenty past nine

las nueve y veinticinco

nine twenty-five,
twenty-five past nine

las nueve y media

nine thirty,
half past nine

las nueve treinta y cinco,
las diez menos veinticinco

nine thirty-five,
twenty-five to ten

las nueve y cuarenta,
las diez menos veinte

nine forty,
twenty to ten

las nueve y cuarenta
y cinco, las diez
menos cuarto

nine forty-five,
quarter to ten

las nueve y cincuenta,
las diez menos diez

nine fifty,
ten to ten

las nueve y
cincuenta y cinco,
las diez menos cinco

nine fifty-five,
five to ten

Los colores • *Colors*

rojo
red

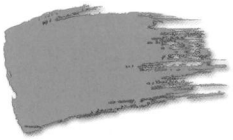
azul
blue

verde
green

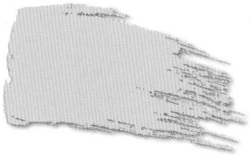
amarillo
yellow

negro
black

gris
gray

naranja
orange

marrón
brown

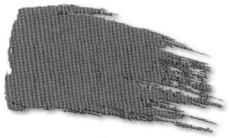
rosa
pink

morado
purple

blanco
white

Las formas • *Shapes*

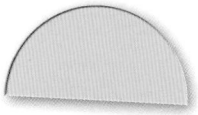
el semicírculo
semicircle

el rectángulo
rectangle

el paralelogramo
parallelogram

el cuadrilátero
quadrilateral

el polígono
polygon

el círculo
circle

el cuadrado
square

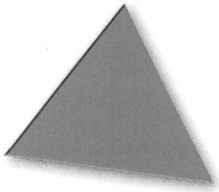
el triángulo
triangle

la estrella
star

el rombo
diamond

el pentágono
pentagon

el hexágono
hexagon

el octágono
octagon

el heptágono
heptagon

el cubo
cube

la pirámide
pyramid

la esfera
sphere

el cilindro
cylinder

el cono
cone

Opuestos
Opposites

grande – pequeño/pequeña
big – small

limpio/limpia – sucio/sucia
clean – dirty

gordo/gorda – delgado/delgada
fat – thin

lleno/llena – vacío/vacía
full – empty

alto/alta – bajo/baja
high – low

caliente – frío/fría
hot – cold

abierto/abierta – cerrado/cerrada
open – closed

pesado/pesada – ligero/ligera
heavy – light

fuerte – silencioso/silenciosa
loud – quiet

duro/dura – blando/blanda
hard – soft

largo/larga – corto/corta
long – short

claro/clara – oscuro/oscura
light – dark

seco/seca – mojado/mojada
dry – wet

rápido/rápida – lento/lenta
fast – slow

Palabras de posición
Position words

en *on*	**de** *off*
debajo de *under*	**encima de, sobre** *over*
al lado de *next to*	**entre** *between*
encima *above*	**debajo** *below*
delante de *in front of*	**detrás de** *behind*
lejos *far*	**cerca** *near*

Índice español • *Spanish index*

¡hacia arriba! ... **55**
abanico *(m)* ... 30
abdomen *(m)* ... 83
abeja *(f)* ... 82
abeto *(m)* ... 88
abogado, abogada *(m/f)* ... 35
abono orgánico *(m)* ... 103
absorbente ... 65
abuela *(f)* ... 10
abuelo *(m)* ... 10
aburrido ... 17
acantilado *(m)* ... 105
acebo *(m)* ... 89
acera *(f)* ... 94
acero *(m)* ... 65
ácido ... 16
actor, actriz *(m/f)* ... 50
acuarelas *(pl)* ... 45
aerodeslizador *(m)* ... 61
aeronaves *(pl)* ... **58**
áfido *(m)* ... 83
afluente *(m)* ... 99
agente de policía *(m/f)* ... 35
agradable ... 16
agua *(m)* ... 22
aguacates *(pl)* ... 26
aguijón *(m)* ... 82
águila *(m)* ... 87
aguja *(f)* ... 67, 78
agujero negro *(m)* ... 107
ahorro de energía *(m)* ... **103**
ala *(m)* ... 58, 59
ala delta *(m)* ... 59
albañil *(m)* ... **37**
albóndigas *(pl)* ... 24
alegre ... 17
aleta *(f)* ... 36, 79
aleta caudal *(f)* ... 79
alevín *(m)* ... 79
algodón *(m)* ... 21, 64
amapola *(f)* ... 90
ambulancia *(f)* ... 57
amigos *(pl)* ... 11
ancas de rana *(pl)* ... 25
ancla *(m)* ... 61
anémona *(f)* ... 80
anguila *(f)* ... 78
animales domésticos *(pl)* ... **74**
animales marinos *(pl)* ... **80**
animales nocturnos *(pl)* ... **84**
animales pequeños *(pl)* ... **75**
antena *(f)* ... 82
antena de radio *(f)* ... 67
antena parabólica *(f)* ... 66
apagado ... 65
apisonadora *(f)* ... 56
araña de mar *(f)* ... 80
árbitro *(m)* ... 39
árboles y arbustos *(pl)* ... **88**
archivar ... 71
archivo adjunto *(m)* ... 70
arcilla de modelar *(f)* ... 45
arco *(m)* ... 47
ardilla *(f)* ... 73
armadillo *(m)* ... 85
armadura *(f)* ... 30
armario del cuarto de baño *(m)* ... 21
arpa *(m)* ... 47
arquitecto, arquitecta *(m/f)* ... 34
arrastrar ... 71
arroyo *(m)* ... 99
arroz *(m)* ... 23, 96
artes plásticas y manualidades *(pl)* ... **44**
artículos de la casa *(pl)* ... **20**
áspero ... 65
astronauta *(m)* ... 108
asustado ... 17
atacar ... 40
atletismo *(m)* ... 38
atún *(m)* ... 78
autocar *(f)* ... 55
autocaravana *(f)* ... 54
ave fragata *(m)* ... 87
aves *(pl)* ... **86**
avestruz *(m)* ... 87
avión de pasajeros *(m)* ... 59
avión ultraligero *(m)* ... 59
avispa *(f)* ... 82
ayuntamiento *(m)* ... 93
babosa leopardo *(f)* ... 84
bacalao *(m)* ... 79
bagala *(f)* ... 61
bailarín, bailarina *(m/f)* ... 50
baile *(m)* ... **49**
baile de salón *(m)* ... 49
bajar ... 70
bajo cero ... 101
balcón *(m)* ... 67
ballena azul *(f)* ... 80
ballet *(m)* ... 49
balón*(m)* ... 42
baloncesto *(m)* ... 39
bambú *(m)* ... 91
banco *(m)* ... 94
bañera *(f)* ... 19
baobab *(m)* ... 88
barbilla *(f)* ... 12
barquilla *(f)* ... 59
barra de control *(f)* ... 58
barriga *(f)* ... 13
bata quirúrgica *(f)* ... 36
bate*(m)* ... 42
batería *(f)* ... 47
bebidas *(pl)* ... 22
bebidas con gas *(pl)* ... 22
béisbol *(m)* ... 38
bicicleta *(f)* ... 55
biplano *(m)* ... 59
bisabuela *(f)* ... 10
bisabuelo *(m)* ... 10
bisturí *(m)* ... 36
blando ... 65
bloc de dibujo *(m)* ... 45
bloc de notas *(m)* ... 33
blog *(m)* ... 70
blusa *(f)* ... 31
boca *(f)* ... 12
bocadillo *(m)* ... 24
bodegón *(m)* ... 44
bolas de malabares *(pl)* ... 42
bolígrafo *(m)* ... 33
bollo *(m)* ... 24
bolsa *(f)* ... 59
bombera *(f)* ... **37**
borrar ... 71
bosque *(m)* ... 98
bosque de hoja perenne *(m)* ... 98
botas de fútbol *(pl)* ... 29
botas incombustibles *(pl)* ... 37
botavara *(f)* ... 60
bote de remos *(m)* ... 61
botella de aire comprimido *(f)* ... 36
botines *(pl)* ... 29
brazo *(m)* ... 13
breakdance *(m)* ... 49
brezal *(m)* ... 99
brillante ... 16, 65
bronce *(m)* ... 65
búfalo de agua *(m)* ... 74
bufanda *(f)* ... 29
buitre *(m)* ... 87
buque cisterna *(m)* ... 60
buques, barcos y otras embarcaciones ... **60**
burro *(m)* ... 75
buscar ... 70
buzo *(m)* ... **36**
buzón *(m)* ... 94
caballa *(f)* ... 79
caballero medieval *(m)* ... 30
caballito de mar *(m)* ... 80
caballo *(m)* ... 74
cabeza *(f)* ... 13, 83
cabina de piloto *(f)* ... 59
cable principal *(m)* ... 67
cable tirante *(m)* ... 67
cabra *(f)* ... 74
cacerola *(f)* ... 20
cactus *(m)* ... 91
cadera *(f)* ... 14
café *(m)* ... 22, 94
caimán *(m)* ... 77
calabazas *(pl)* ... 26, 96
calamar gigante *(m)* ... 80
cálao de casco *(m)* ... 87
calcetines *(pl)* ... 29
calculadora *(f)* ... 33
cálido ... 101
caliente ... 16
calle *(f)* ... 94
caluroso ... 101
cama *(f)* ... 19
camaleón *(m)* ... 76
cámara *(f)* ... 50, 108
cámara *(m)* ... 50
cámara digital *(m)* ... 71
camello *(m)* ... 72
camión hormigonera *(m)* ... 57
camión portacoches *(m)* ... 57
camión portacontenedores *(m)* ... 57
camión volquete *(m)* ... 56
camisa *(f)* ... 28
camiseta *(f)* ... 29
caña de azúcar *(f)* ... 96
canguro *(m)* ... 73
canoa *(f)* ... 61
cantante *(m/f)* ... 50
capa *(f)* ... 30
capó *(m)* ... 54
capullo *(m)* ... 91
cara *(f)* ... 12
caramelos *(pl)* ... 23
carbón *(m)* ... 63
carboncillo *(m)* ... 45
carga *(f)* ... 69
carne *(f)* ... 23
carnicería *(f)* ... 95
carpa de espejuelos *(f)* ... 79
carpeta de anillas *(f)* ... 33
carretilla *(f)* ... 97
carretilla elevadora *(f)* ... 56
casa *(f)* ... **18**
casa de labranza *(f)* ... 97
cascada *(f)* ... 99
casco *(m)* ... 37, 58

Índice español • *Spanish index*

casco de seguridad *(m)* ... 37
casita en el campo *(f)* ... 18
castaño de Indias *(m)* ... 88
castillo *(m)* ... 66
catamarán *(m)* ... 61
caucho *(m)* ... 64
cebolla *(f)* ... 26
cebra *(f)* ... 73
ceja *(f)* ... 12
ceniza *(f)* ... 105
cepillo de dientes *(m)* ... 21
cera *(f)* ... 64
cerebro *(m)* ... 15
cerezas *(pl)* ... 27
cerezo *(m)* ... 89
cerrar sesión ... 71
chalé *(m)* ... 18
chaleco *(m)* ... 31
champú *(m)* ... 21
chaqueta *(f)* ... 29, 31
chaqueta de chándal *(f)* ... 29
chaqueta de punto *(f)* ... 28
chat *(m)* ... 70
chelo *(m)* ... 47
chimenea *(f)* ... 19, 61
chinche *(m)* ... 83
chocolate *(m)* ... 23
chocolate a la taza *(m)* ... 22
ciclismo *(m)* ... 38
ciencias ... 33
ciervo *(m)* ... 73
cine *(m)* ... 93
cinta del pelo *(f)* ... 28
cinturón de herramientas *(m)* ... 37
cinturón de pesas *(m)* ... 36
cirujana *(f)* ... **36**
claqué *(m)* ... 49
claqueta *(f)* ... 50
clarinete *(m)* ... 46
clases *(pl)* ... **33**
clavícula *(f)* ... 14
clima templado *(m)* ... 101
clima tropical *(m)* ... 101
cobertizo de ordeño *(m)* ... 97
cobra egipcia *(f)* ... 77
cobre *(m)* ... 65
coche de bomberos *(m)* ... 57
coche deportivo *(m)* ... 54
coche familiar *(m)* ... 54
coche patrulla *(m)* ... 57
cocina *(f)* ... 19
cocina eléctrica/de gas *(f)* ... 19
cocodrilo *(m)* ... 77
codo *(m)* ... 13
coger ... 41
cohete espacial *(m)* ... 108
cohetes de propulsión o propulsores *(pl)* ... 108
colador *(m)* ... 20
colibrí *(m)* ... 87
colores *(pl)* ... **114**
columna *(f)* ... 14, 67
comedia *(f)* ... 52
comida rápida ... **24**
Comida y bebidas ... **22**
computadora *(f)* ... 70
computadora portátil ... 71
conductor de autobús, conductora de autobús *(m/f)* ... 34
conectar ... 70, 71
conejillo de Indias *(m)* ... 75
confuso ... 17
constelación *(f)* ... 107
contaminación acústica *(f)* ... 102
contaminación atmosférica *(f)* ... 102
contaminación de las aguas *(f)* ... 102
contaminación lumínica *(f)* ... 103
contaminación y conservación ... **102**
contrabajo *(m)* ... 47
copos de avena *(pl)* ... 23
coraza *(f)* ... 30
corazón *(m)* ... 15
corbata *(f)* ... 31
cordero *(m)* ... 24
corona *(f)* ... 30
correo electrónico *(m)* ... 70
cortar ... 71
corteza *(f)* ... 89, 104
cosechadora *(f)* ... 97
costillas *(pl)* ... 14
cráneo *(m)* ... 14
cráter *(m)* ... 105
crepes *(pl)* ... 25
criquet *(m)* ... 39
cristal *(m)* ... 64
cuaderno *(m)* ... 33
cuadra *(f)* ... 97
cuarto de baño *(m)* ... 19
cubierta *(f)* ... 61
cucaracha *(f)* ... 83
cuchara *(f)* ... 20
cucharón *(m)* ... 20
cuchillo *(m)* ... 20
cuco *(m)* ... 86
cuello *(m)* ... 13
cuerda *(f)* ... 69
cuerda para las herramientas *(f)* ... 108
cuerpo *(m)* ... **12**
cuerpo humano *(m)* ... **13**
cultivos y hortalizas *(pl)* ... **96**
cúpula *(f)* ... 67
curry *(m)* ... 24
dar una patada a ... 40
de neblina tóxica ... 100
de niebla ... 100
de nieve ... 100
deberes *(pl)* ... 33
decorado *(m)* ... 50
dedos *(pl)* ... 13
dedos de los pies *(pl)* ... 13
defensa *(m/f)* ... 39
delantal *(m)* ... 31
delantero, delantera *(m/f)* ... 39
delfín *(m)* ... 80
deportes ... **38**
deportes en acción ... **40**
desechos peligrosos *(pl)* ... 102
desierto *(m)* ... 98
desilzarse ... 41
desplazarse ... 71
destornillador *(m)* ... 37
diagrama de un circuito eléctrico *(f)* ... **63**
días de la semana *(pl)* ... **112**
dibujo ... 33
dibujos animados *(pl)* ... 44, 53
diente de león *(m)* ... 91
dientes *(pl)* ... 12
director *(m)* ... 50
director de escena, directora de escena *(m/f)* ... 50
disparar ... 41
documental de la naturaleza *(m)* ... 53
dormitorio *(m)* ... 19
dragón de Kómodo *(m)* ... 76
ducha *(m)* ... 19
dulce ... 16
duro ... 65
DVD *(m)* ... 42
ecuador *(m)* ... 101
edificios de la granja *(pl)* ... **97**
edificios y estructuras *(pl)* ... **66**
editar ... 71
eje *(m)* ... 69
elefante *(m)* ... 72
empacadora *(f)* ... 97
emperatriz japonesa *(f)* ... 30
empujar ... 68
en el campo ... **96**
en el cuarto de baño ... **21**
en Internet ... **70**
en la calle ... **94**
en la cocina ... **20**
en la escuela ... **32**
en tu cuerpo *(m)* ... **14**
energía ... **62**
energía de biomasa *(f)* ... 62
energía de las mareas *(f)* ... 62
energía eólica *(f)* ... 62
energía geotérmica *(f)* ... 62
energía hidroeléctrica *(f)* ... 62
energía nuclear *(f)* ... 63
energía solar *(f)* ... 62
enfadado ... 17
enfermero, enfermera *(m/f)* ... 35
ensalada *(f)* ... 25
entusiasmado ... 17
equipo de mantenimiento de vida *(m)* ... **108**
equipo de respiración *(m)* ... 37
equipo y ropa de trabajo ... 36
ereader *(m)* ... 71
erizo *(m)* ... 84
ermitaño *(m)* ... 85
esbozo *(m)* ... 44
escamas *(pl)* ... 79
escanear ... 71
escenario *(m)* ... 50
escorpión *(m)* ... 84
escuela *(f)* ... 92
escultura *(f)* ... 45
esnórkel *(m)* ... 36
espaguetis *(pl)* ... 25
espalda *(f)* ... 13
espátula *(f)* ... 20
espátula rosada *(f)* ... 87
espinilla *(f)* ... 14
esponja *(f)* ... 21
esqueleto *(m)* ... **14**
estabilizador vertical *(m)* ... 59
estación de autobuses *(f)* ... 92
estación espacial *(f)* ... 109
estaciones *(pl)* ... **112**
estadio *(m)* ... 93
esternón *(m)* ... 14
estómago *(m)* ... 15
estrella *(f)* ... 107
estuario *(m)* ... 99
etapas de un río *(pl)* ... **99**
eucalipto *(m)* ... 89
examen *(m)* ... 33
excavadora *(f)* ... 56
exóticas y maravillosas ... **86**
explorar ... 70

Índice español • *Spanish index*

falda *(f)* 29
falda escocesa *(f)* 31
familia *(f)* **y amigos** *(pl)* **10**
farmacia *(f)* 95
faro *(m)* 54
farola *(f)* 94
feliz 17
fémur *(m)* 14
ferry *(m)* 60
filete *(m)* 24
flamenco *(m)* 87
flauta *(f)* 46
flor *(f)* 91
floristería *(f)* 95
flotador *(m)* 58
foca *(f)* 80
foco *(m)* 50
formas *(pl)* **114**
formatear 71
fotografía *(f)* 44
fracciones *(pl)* **111**
frailecillo *(m)* 87
fregadero *(m)* 19
frente *(f)* 12
fresas *(pl)* 26
fresco 101
fricción 68
frío 16, 101
fruta *(f)* 23
frutas y verduras *(pl)* **26**
frutería *(f)* 94
fuerte 16
fuerzas en acción 68
fuerzas y máquinas *(pl)* **68**
fulcro *(m)* **69**
funicular *(m)* 55
furgoneta de reparto *(f)* 57
fútbol *(m)* **38, 39**
galaxia *(f)* 107
gallina *(f)* 75
gallo *(m)* 75
ganso *(m)* 75
garaje *(m)* 19
garza real *(f)* 86
gas natural *(m)* 63
gato *(m)* 75
gel de ducha *(m)* 21
geografía 33
gimnasia *(f)* 38
girafa *(f)* 72
girasol *(m)* 90
glacial 101
glaciar *(m)* 98
globo *(m)* 33
globo aerostático *(m)* 59
gol *(m)* 39
golf *(m)* 39
golondrina *(f)* 86
golpear 40
goma *(f)* 33
gorila *(m)* 73
gorra *(f)* 28
gorro *(m)* 29, 36
grafiti *(m)* 45
granero *(m)* 97
granizada *(f)* 101
grapadora *(f)* 33
gravedad 68
grúa con cesta *(f)* 56
grúa mecánica *(f)* 56
guadaña *(f)* 97
guantelete *(m)* 30
guantes *(pl)* 29
guardar 71
guepardo *(m)* 73
guerrero samurái del Japón *(m)* 30
guisantes *(pl)* 26
guitarra *(f)* 47
gusto *(m)* **16**
hacer clic 71
hacer una copia de seguridad 71
hacha *(m)* 37
hamburguesa *(f)* 24
hámster *(m)* 75
haya *(m)* 88
helado *(m)* 25
helecho *(m)* 91
hélice *(f)* 58
helicóptero *(m)* 59
hermana *(f)* 10
hermanastra *(f)* 11
hermanastro *(m)* 11
hermano *(m)* 10
herramientas del artista *(pl)* **45**
hervidor eléctrico *(m)* 20
hidroavión *(m)* 59
hidrodeslizador *(m)* 60
hierba de las Pampas *(f)* 91
hierro *(m)* 65
hígado *(m)* 15
higos *(pl)* 26
hilo conductor *(m)* 63
hipopótamo *(m)* 72
historia 33
hockey sobre hielo *(m)* 39
hoja *(f)* 91
hojas *(pl)* 89
hombro *(m)* 13
hora *(f)* **113**
horario *(m)* 32
hormiga *(f)* 83
hospital *(m)* 92
hotel *(m)* 93
huevos *(pl)* 23
húmedo 16
iglesia *(f)* 67
iglú *(m)* 18
iguana *(f)* 76
impermeable 65
impresora *(f)* 70
imprimir 71
ingeniero, ingeniera *(m/f)* 34
inglés 33
iniciar sesión 71
insecto palo *(m)* 82
insectos *(pl)* **82**
insertar 71
instrumentos de cuerda *(pl)* **47**
instrumentos de percusión *(pl)* **47**
instrumentos de teclado *(pl)* **6**
instrumentos de viento *(pl)* **46**
instrumentos musicales *(pl)* **46**
interior de la Tierra **104**
interior de un volcán **105**
interior de una manzana **27**
interruptor (abierto) *(m)* 63
interruptor (cerrado) *(m)* 63
intestino *(m)* 15
intoxicación por pesticidas *(f)* 102
isópodo gigante *(m)* 80
jabón *(m)* 21
jazz *(m)* 48
jefe de cocina, jefa de cocina *(m/f)* 35
judías *(pl)* 27
juego de mesa *(m)* 42
juegos y pasatiempos *(pl)* **42**
juguetería *(f)* 95
Júpiter 106
lagarto *(m)* 76
lago *(m)* 99
lámpara *(f)* 63
lana *(f)* 64
lancha motora *(f)* 60
langosta *(f)* 80
langosta mantis *(f)* 80
lanzar 40
lápiz *(m)* 33
latón *(m)* 65
lava líquida *(f)* 105
lava sólida *(f)* 105
lavanda *(f)* 89
leche *(f)* 22
lechuza *(f)* 85
lémur *(m)* 84
lentejas *(pl)* 23
león *(m)* 73
leopardo *(m)* 72
libélula *(f)* 83
librería *(f)* 94
libro de texto *(m)* 33
limonero *(m)* 89
limones *(pl)* 26
limpiaparabrisas *(m)* 54
linterna sumergible *(f)* 36
lirio *(m)* 90
lirón *(m)* 85
liso 65
llama *(f)* 73
llanura *(f)* 104
llave inglesa *(f)* 37
llave USB *(f)* 71
lluvia ácida *(f)* 103
lluvioso 100
lobo gris *(m)* 84
loro *(m)* 75
lucio *(m)* 79
luna *(f)* 107
macedonia de frutas *(f)* 25
madera *(f)* 64
madre *(f)* 10, 11
maestro, maestra *(m/f)* 35
magdalena *(f)* 25
magnético 65
maíz *(m)* 27, 96
maletero *(m)* 54
mallas *(pl)* 28
mamba *(f)* 77
mamíferos *(pl)* **72**
manguera *(f)* 37
manivela *(f)* 69
manivela de control *(f)* 108
mano *(f)* 13
manta *(f)* 78
mantis religiosa *(f)* 82
manto *(m)* 104
manzano *(m)* 89
mapache *(m)* 85
maqueta *(f)* 42
máquinas sencillas *(pl)* **69**
maracas *(pl)* 47
marcar 39
margarita *(f)* 91
mariposa *(f)* 83
mariquita *(f)* 83

Índice español • *Spanish index*

Marte ... 106
martillo *(m)* ... 37
martín pescador *(m)* ... 86
máscara de buceo *(f)* ... 36
mascarilla *(f)* ... 36
mástil *(m)* ... 60
matemáticas ... 33
matrícula *(f)* ... 54
medias *(pl)* ... 29
medicamento *(m)* ... 21
medidas *(pl)* ... **111**
medusa gigante ... 80
mejillas *(pl)* ... 12
mejor amigo(a) *(m/f)* ... 11
melocotones *(pl)* ... 26
Mercurio ... 106
mesa *(f)* ... 19
meses *(pl)* ... **112**
meseta *(f)* ... 104
meteoro *(m)* ... 107
mezquita *(f)* ... 67
micrófono *(m)* ... 50
mimosa *(f)* ... 89
minarete *(m)* ... 67
mirlo *(m)* ... 86
módulo de aterrizaje lunar *(m)* ... 109
módulo de control del traje espacial *(m)* ... 108
módulo de mando *(m)* ... 108
mofeta *(f)* ... 84
momento ... 68
momentos del día *(pl)* ... **112**
monitor *(m)* ... 50
mono *(m)* ... 72
monopatín *(m)* ... 42
montaña *(f)* ... 98, 104
montar (a caballo) ... 41
morsa *(f)* ... 80
mosca *(f)* ... 82
mosquito *(m)* ... 83
moto *(f)* ... 54
motocicleta *(f)* ... 55
motonieve *(f)* ... 57
motoniveladora *(f)* ... 56
motor *(m)* ... 63
motor a reacción *(m)* ... 59
muñeca *(f)* ... 13
músculo *(m)* ... 14
museo *(m)* ... 92
musgo *(m)* ... 91
música ... 33
música clásica *(f)* ... 48
música folk *(f)* ... 48
música *(f)* **y baile** *(m)* ... **48**
música global *(f)* ... 49
naranjas *(pl)* ... 27
narciso *(m)* ... 90
nariz *(f)* ... 12
natación *(f)* ... 39
nautilo *(m)* ... 80
nave de la maquinaria *(f)* ... 97
nenúfar *(m)* ... 90
Neptuno ... 107
neumático *(m)* ... 54
noticias *(pl)* ... 53
novela *(f)* ... 42
nublado ... 100
núcleo externo líquido *(m)* ... 104
núcleo interno sólido *(m)* ... 104
números *(pl)* ... **110**
océano *(m)* ... 98, 105
oficina *(f)* ... 92
oficina de correos *(f)* ... 94
oído *(m)* ... **16**
ojo *(m)* ... 12
ojo compuesto *(m)* ... 82
ojo de buey *(m)* ... 61
óleo *(m)* ... 45
olfato *(m)* ... **16**
olivo *(m)* ... 89
opaco ... 65
operaciones aritméticas ... **111**
operaciones en el ordenador *(pl)* ... **71**
opérculo *(m)* ... 79
opuestos *(pl)* ... **115**
ordenadores y dispositivos electrónicos *(pl)* ... **70**
oreja *(f)* ... 12
órgano *(m)* ... 46
órganos *(pl)* ... **15**
orgulloso ... 17
orilla del mar *(f)* ... 98
ornitorrinco *(m)* ... 73
oro *(m)* ... 65
orquídea *(f)* ... 90
oruga *(f)* ... 83
oso polar *(m)* ... 72
oveja *(f)* ... 74
padrastro *(m)* ... 11
padre *(m)* ... 10
paella *(f)* ... 24
página inicial *(f)* ... 70
pagoda *(f)* ... 66
paisaje *(m)* ... 44
paisajes y habitáts *(pl)* ... **98**
pajarería *(f)* ... 95
pájaro carpintero *(m)* ... 86
pala *(f)* ... 97
pala retroexcavadora *(f)* ... 56
palabras de astronomía *(pl)* ... **107**
palabras de posición *(f)* ... **115**
palabras de tiempo ... **112**
palacio *(m)* ... 67
palafito *(m)* ... 18
palanca *(f)* ... 69
palas del rotor *(pl)* ... 58
paleta *(f)* ... 45
palillos chinos *(pl)* ... 20
palloza *(f)* ... 18
palmera *(f)* ... 88
pan *(m)* ... 23
panadería *(f)* ... 95
pandereta *(f)* ... 47
pangolín *(m)* ... 73
pantalla *(f)* ... 70
pantalones cortos *(pl)* ... 29
pantera *(f)* ... 73
papas *(pl)* ... 23, 27, 96
papas fritas *(pl)* ... 23
papel *(m)* ... 64
papelera *(f)* ... 94
para hablar de temperaturas *(pl)* ... **101**
parabrisas *(m)* ... 54
parachoques *(m)* ... 54
parada de autobús *(f)* ... 94
parapeto *(m)* ... 66
parking *(m)* ... 93
parque de bomberos *(m)* ... 92
parquímetro *(m)* ... 94
partes de un árbol *(pl)* ... **89**
partes de un barco ... **61**
partes de un coche *(pl)* ... **54**
partes de un pez *(pl)* ... **79**
partes de una planta en flor *(pl)* ... **91**
pasar el corrector ortográfico ... 71
pasta *(f)* ... 23
pasta de dientes *(f)* ... 21
pastel *(m)* ... 45
pastillas *(pl)* ... 21
patín de aterrizaje *(m)* ... 58
patinar ... 41
patines en línea *(pl)* ... 42
pato *(m)* ... 75
pavo *(m)* ... 75
pavo real *(m)* ... 86
peces *(pl)* ... **78**
pecho *(m)* ... 13
peciolo *(m)* ... 91
pedúnculo *(m)* ... 27
pegar ... 71
pelícano *(m)* ... 87
película de acción y de aventuras *(f)* ... 52
película de ciencia ficción y fantasía *(f)* ... 52
película de terror *(f)* ... 52
pelo *(m)* ... 12
peluquería *(f)* ... 95
penalti *(m)* ... 39
pensamiento *(m)* ... 90
pepino *(m)* ... 27
pepino de mar *(m)* ... 80
pepitas *(pl)* ... 27
peras *(pl)* ... 27
perezoso *(m)* ... 73
periquito *(m)* ... 75
perro de rescate de montaña *(m)* ... 75
perro marino *(m)* ... 79
perro pastor *(m)* ... 74
pescado *(m)* ... 23
pétalo *(m)* ... 91
petirrojo *(m)* ... 86
petróleo *(m)* ... 63
pez ángel *(m)* ... 79
pez espada *(m)* ... 78
pez volador *(m)* ... 80
piano *(m)* ... 46
pico *(m)* ... 97
pie *(m)* ... 13
piedra *(f)* ... 65
piel *(f)* ... 27, 64
pierna *(f)* ... 13
pieza de ajedrez *(f)* ... 42
pila *(f)* ... 63, 67
pimientos *(pl)* ... 26
pináculo *(m)* ... 66
pincel *(m)* ... 45
pingüino *(m)* ... 87
pino *(m)* ... 88
piraña *(f)* ... 79
pivote *(m)* ... 69
pizarra Vileda® *(f)* ... 33
pizza *(f)* ... 24
planeador *(m)* ... 59
plástico *(m)* ... 64
plata *(f)* ... 65
plataforma de lanzamiento *(f)* ... 108
plátanos *(pl)* ... 27
platija *(f)* ... 79
platillos *(pl)* ... 47

plato principal **24, 25**
platos exóticos **25**
playa *(f)* 105
polea *(f)* 69
polilla *(f)* 82
polilla luna *(f)* 84
pollo *(m)* 24
pomada *(f)* 21
pop *(m)* 48
popa *(f)* 61
porcelana *(f)* 64
portero, portera *(m/f)* 39
póster *(m)* 32
postre *(m)* 23
postres *(pl)* **25**
praderas *(pl)* 98
primos *(pl)* 11
proa *(f)* 61
productor, productora *(m/f)* 50
programa concurso *(m)* 53
programa de humor *(m)* 53
programa deportivo *(m)* 53
programas de televisión y películas *(pl)* **52**
propiedades de los materiales *(pl)* **65**
público *(m)* 50
pueblos y ciudades *(pl)* **92**
puente colgante *(m)* **67**
puercoespín *(m)* 85
puerta *(f)* 19
pulga *(f)* 83
pulmón *(m)* 15
pulpa *(f)* 27
pulpo *(m)* 80
pulpo dumbo *(m)* 80
punzante 16
pupitre *(m)* 33
quad *(m)* 97
queso *(m)* 23
quimono *(m)* 30
quiosco *(m)* 94
quitanieves *(m)* 57
radiación *(f)* 102
raíz *(f)* 89, 91
rallador *(m)* 20
ramas *(pl)* 89
rana del dardo *(f)* 77
rap *(m)* 49
rápidos *(pl)* 99
raqueta *(f)* 42
raros y extraordinarios *(pl)* **73**
rascacielos *(m)* 67
rastrillo *(m)* 97
ratón *(m)* 70, 75
reciclaje *(m)* 103
redil *(m)* 97
reggae *(m)* 49
región polar *(f)* 99
regla *(f)* 33
reina medieval *(f)* 30
rejilla del radiador *(f)* 54
reloj *(m)* 32
remar 41
repollo *(m)* 27
reportero, reportera *(m/f)* 35
reproductor de MP3 *(m)* 71
reproductor de música *(m)* 42
reptiles y anfibios *(pl)* **76**
repugnante 16
restaurante *(m)* 93
retrato *(m)* 44
retrovisor lateral *(m)* 54
reutilización *(f)* 103
revista *(f)* 42
rinoceronte *(m)* 72
riñones *(pl)* 15
riostra *(f)* 59
roble *(m)* 88
robot explorador de Marte *(m)* 109
rock *(m)* 48
rodilla *(f)* 13
romano *(m)* 30
romero *(m)* 89
ropa de diario **28**
rosa *(f)* 90
rótula *(f)* 14
rueda *(f)* 69
rueda y el eje *(f)* **69**
rugby *(m)* 38
sala de estar *(f)* 19
salado 16
salamandra *(f)* 76
salmón *(m)* 79
saltamontes *(m)* 83
saltar 41
sandalias *(pl)* 30
sandía *(f)* 27
sapo *(m)* 77
sardina *(f)* 79
sari *(m)* 31
sarten *(f)* 20
sarten wok *(f)* 20
satélite de comunicaciones 109
satélite de observación de la Tierra 109
satélite meteorológico 109
satélites *(pl)* **109**
Saturno 107
saxofón *(m)* 46
sección del combustible *(f)* 108
secuoya *(f)* 88
selva tropical *(f)* 98
sentidos y sentimientos *(pl)* **16**
serpiente de coral *(f)* 77
serpiente de mar *(f)* 80
serpiente pitón *(f)* 77
serpientes *(pl)* **77**
sicomoro *(m)* 89
sierra *(f)* 37
silencioso 16
silla *(f)* 19
símbolos de un circuito eléctrico *(pl)* **63**
sinagoga *(f)* 66
sintetizador *(m)* 46
sistema solar *(m)* **106**
sitar *(m)* 47
soja *(f)* 96
Sol *(m)* 106
soleado 100
sombrero de copa *(m)* 31
sonda espacial *(f)* 109
sopa *(m)* 24
sopa de ortigas *(f)* 25
sorprendido 17
soul *(m)* 49
suave 16
subir 70
sudadera *(f)* 28
supermercado *(m)* 93
SUV *(m)* 55
tabla *(f)* 47
tabla de cortar *(f)* 20
tabla de windsurf *(f)* 60
tablero *(m)* 67
tablero de ajedrez *(m)* 42
tablet *(m)* 71
tacto *(m)* **16**
taladro *(m)* 37
tallas *(pl)* 66
tallo *(m)* 91
talón *(m)* 13
tapas *(pl)* 25
tapiz 45
tarántulas fritas *(pl)* 25
tarsero *(m)* 85
tarta *(f)* 25
taxi *(m)* 55
té *(m)* 22
té verde *(m)* 22
teclado *(m)* 70
teclear 71
técnico de sonido *(m)* 50
tecnología 33
tejado *(m)* 19, 66
tejo *(m)* 88
tejón *(m)* 84
teleférico *(m)* 55
teléfono móvil *(m)* 71
telesquí *(m)* 55
televisión *(f)* 19
televisión, cine y teatro **50**
telón *(m)* 50
templo *(m)* 66
tenedor *(m)* 20
tenis *(m)* 38
tertulia *(f)* 53
tetra neón *(m)* 79
tía *(f)* 11
tiburón ballena *(m)* 80
tiburón blanco *(m)* 78
tiburón boreal *(m)* 80
tiempo *(m)* **100**
tienda *(f)* 94
tienda de golosinas *(f)* 95
tienda de periódicos *(f)* 95
tienda de regalos *(f)* 95
tienda de ropa *(f)* 95
Tierra *(f)* **104, 106**
tijereta *(f)* 83
timbre *(m)* 63
timón *(m)* 59
tío *(m)* 11
tipi *(m)* 18
tipos de contaminación *(pl)* **102**
típula *(f)* 82
tirar 40, 68
tirarse de cabeza 40
tiritas *(pl)* 21
tiro con arco *(m)* 38
tiro libre *(m)* 39
tiza *(f)* 45
tobillo *(m)* 13
todo tipo de comida **24**
todo tipo de materiales **64**
todo tipo de plantas *(pl)* **90**
todo tipo de ropa **30**
todo tipo de tiendas *(pl)* **95**
todo tipo de trabajos **34**
tofu *(m)* 25
toga romana *(f)* 30
tomates *(pl)* 26
tonto 17

topo de nariz estrellada *(m)* 73
topografía del paisaje **104**
tórax *(m)* 83
tormenta *(f)* 101
tornado *(m)* 101
torre *(f)* 67
torre de comunicaciones *(f)* 66
torre de ensilaje *(f)* 97
torreón *(m)* 66
tortilla *(f)* 25
tortuga *(f)* 76
tortuga de mar *(f)* 80
tortuga marina *(f)* 76
trabajo *(m)* 33
trabajos de curso *(pl)* 33
tractor *(m)* 97
traje *(m)* 31
traje de buzo *(m)* 36
traje especial *(m)* 108
traje incombustible *(m)* 37
transbordador espacial *(m)* 109
transparente 65
tráquea *(f)* 15
travieso 17
tren *(m)* 55
tren de aterrizaje *(m)* 58
triciclo *(m)* 59
trigo *(m)* 96
triste 17
tritón *(m)* 77
trompeta *(f)* 46
tronco *(m)* 89
trucha *(f)* 79
tulipán *(m)* 90
turbante *(m)* 31
twitear 70
unidad tripulada de maniobra *(f)* 108
Urano 107
uvas *(pl)* 96
vaca *(f)* 75
valle *(m)* 104
vampiro *(m)* 84
vaporera *(f)* 20
vaqueros *(pl)* 28
váter *(m)* 19
vehículo anfibio *(m)* 57
vehículo pesado *(m)* 57
vehículos de pasajeros *(pl)* **54**
vehículos pesados *(pl)* **56**
Vehículos y máquinas agrícolas *(pl)* **97**
vejiga *(f)* 15
vela *(f)* 60
velero *(m)* 61
velo de novia *(m)* 31
venda *(f)* 21
vendaval de polvo *(m)* 101
ventana *(f)* 19, 67
Venus 106
verdura *(f)* 23
vertido de petróleo *(m)* 103
vestido *(m)* 28
vestido de novia *(m)* 31
vestuario *(m)* 50
veterinario, veterinaria *(m/f)* 34
Vía Láctea *(f)* 107
viajes espaciales *(pl)* **108**
víbora puff *(f)* 77
videoconsola *(f)* 42
vidrio de colores *(m)* 45
violín *(m)* 47
visera *(f)* 37
vista *(f)* 16
vistoso 16
viviendas de distintas partes del mundo *(pl)* **18**
volante*(m)* 42
voleibol *(m)* 38
wifi *(m)* 70
wrap *(m)* 24
yate *(m)* 60
yelmo *(m)* 30
yogur *(m)* 23
yoyó *(m)* 42
yudo *(m)* 39
yurta *(f)* 18
zampoña *(f)* 46
zanahorias *(pl)* 26
zapatería *(f)* 95
zapatero *(m)* 82
zapatillas de deporte *(pl)* 28
zapatos *(pl)* 28
zarigüeya *(f)* 85
zona pantanosa *(f)* 99
zorro *(m)* 85
zuecos *(pl)* 31
zuecos de goma *(pl)* 36
zumo de fruta *(m)* 22

Índice inglés • *English index*

abdomen 83
absorbent 65
acid rain 103
action and adventure 52
actor 50
adhesive bandages 21
air pollution 102
air tank 36
aircraft 58
alligator 77
ambulance 57
amphibians 76
amphibious vehicle 57
anchor 61
ancient Roman 30
anemone 80
angelfish 79
angry 17
animal pen 97
ankle 13
ant 83
antenna 82
aphid 83
apple 27
apple *(tree)* 89
apron 31
archery 38
architect 34
arm 13
armadillo 85
Art 33, 44
artist's equipment 45
ash 105
astronaut 108
athletics 38
attachment 70
audience 50
aunt 11
avocados 26
ax 37
axle 69
back 13
back up 71
backhoe loader 56
badger 84
baker 95
balcony 67
baler 97
ballet 49
ballroom dancing 49
bamboo 91
bananas 27
bank 94
baobab 88
bar 69
bark 89
barn 97
baseball 38
basket 59
basketball 39
bat *(animal)* 84
bat *(for games)* 42
bath 19
bathroom 19, 21
bathroom cabinet 21
battery 63
beach 105
bed 19
bedbug 83
bedroom 19
beech 88
best friend 11
bicycle 55
binder 33
bioenergy 62
biplane 58
birdie 42
birds 86
black hole 107
blackbird 86
bladder 15
blog 70
blouse 31
blue marlin 78
blue whale 80
board game 42
boats 60
body 13
bookstore 94
boom 60
boots 29
bored 17
bow *(boat)* 61
bow *(for an instrument)* 47
bowl 40
brain 15
branch 89
brass 65
bread 23
breakdancing 49
breastbone 14
breastplate 30
breathing apparatus 37
bright 16
bronze 65
brother 10
browse 70
bud 91
builder 37
buildings and structures 66
bulb (light) 63
bulldozer 56
bumper 54
burger 24
bus driver 34
bus station 92
bus stop 94
butcher 95
butterfly 83
buzzer 63
cabbage 27
cable car 55
cactus 91
cafe 94
cake 25
calculator 33
camel 72
camera 50, 108
cameraman 50
canoe 61
cap 28, 36
car transporter 57
cardigan 28
carrots 26
cartoon 44, 53
carvings 66
castle 66
cat 75
catamaran 61
catch 41
cello 47
chair 19
chalet 18
chalk 45
chameleon 76
charcoal 45
chat 70
cheeks 12
cheese 23
cheetah 73
chef 35
cherries 27
cherry (tree) 89
cherry picker 56
chess pieces 42
chessboard 42
chest 13
chicken 24
chimney 19
chin 12
china 64
chipmunk 73
chocolate 23
chopping board 20
chopsticks 20
church 67
cities 92
city hall 93
clapperboard 50
clarinet 46
classical music 48
cleats 29
click 71
cliff 105
cloak 30
clock 32
clogs 31
cloth bandage 21
clothes 28, 30
clothes store 95
cloudy 100
coach 55
coal 63
cockpit 59
cockroach 83
cod 79
coffee 22
cold 16, 101
collarbone 14
colorful 16
colors 114
column 67
combine harvester 97
comedy 52
command module 108
communications tower 66
communications satellite 109
composting 103
compound eye 82
computer 70
computer actions 71
computers and electronic devices 70
confused 17
connect 70, 71
conservation 102, 103
conserving energy 103
constellation 107
control bar 58
control handle 108
convenience store 94
cool 101
copper 65
coral snake 77
core 27
costume 50

Índice inglés • *English index*

cottage 18
cotton 64
cotton balls 21
country 96
coursework 33
cousins 11
cow 75
crane 56
crane fly 82
crater 105
cricket 39
crocodile 77
crops and vegetables 96
crown 30
crust 104
cuckoo 86
cucumber 27
cupcakes 25
curry 24
curtains 50
cut 71
cycling 38
cymbals 47
daffodil 90
daisy 91
dance 48, 49
dancer 50
dandelion 91
days of the week 112
deck *(boat)* 61
deck *(bridge)* 67
deer 73
defense 39
delete 71
delivery van 57
desert 98
desk 33
dessert 23
dhow 61
digital camera 71
director 50
dive 40
diver 36
diving mask 36
dogfish 79
dolphin 80
dome 67
donkey 75
door 19
dormouse 85
double-bass 47
download 70
drag 71
dragonfly 83
dress 28
drinks 22
drums 47
duck 75
duck-billed platypus 73
dull 65
dumbo octopus 80
dump truck 56
dumpster truck 57
dust storm 101
DVD 42
eagle 87
ear 12
earphones 42
Earth 104, 106
Earth observation satellite 109
earwig 83
edit 71
eel 78
eggs 23
Egyptian cobra 77
elbow 13
electric drill 37
electrical circuit 63
elephant 72
email 70
energy and power 62
energy conservation 103
engineer 34
English 33
envelope 59
equator 101
eraser 33
e-reader 71
estuary 99
eucalyptus 89
evergreen forest 98
everyday clothes 28
exam 33
excited 17
eye 12
eyebrow 12
face 12
family and friends 10
fan 30
farm buildings 97
farmhouse 97
farm vehicles and machinery 97
father 10
feelings 16
fern 91
ferry 60
figs 26
film 50, 52
fin 79
fingers 13
fir 88
fire engine 57
fire station 92
firefighter 37
fireproof boots 37
fireproof suit 37
fish 23, 78
fish 78
flamingo 87
flashlight 36
flea 83
flesh 27
flipper 36
float 58
florist 95
flounder 79
flower 91
flute 46
flying fish 80
foggy 100
folk music 48
food 22, 24, 25
foot 13
forces and machines 68
forehead 12
fork 20
forklift 56
format 71
forward 39
fox 85
fractions 112
free kick 39
freezing 101
french fries 23
friction 68
fried tarantulas 25
friends 10, 11
frigate bird 87
frogs' legs 25
fruit 23, 26
fruit and vegetables 26
fruit juice 22
fruit salad 25
frying pan 20
fuel stage 108
fulcrum 69
funicular railway 55
galaxy 107
game show 53
games and leisure 42
games console 42
garage 19
gauntlet 30
Geography 33
geothermal energy 62
giant isopod 80
giant jellyfish 80
giant squid 80
gift shop 95
gill cover 79
giraffe 72
glacier 98
glass 64
glider 59
globe 33
gloves 29
goal 39
goalkeeper 39
goat 74
going up 55
gold 65
golf 39
goose 75
gorilla 73
graffiti 45
grandfather 10
grandmother 10
grapes 96
grasshopper 83
grasslands 98
grater 20
gravity 68
gray wolf 84
great white shark 78
great-grandfather 10
great-grandmother 10
green beans 27
green mamba 77
green tea 22
greengrocer 94
Greenland shark 80
grill 54
guinea pig 75
guitar 47
gymnastics 38
habitats 98
hailstorm 101
hair 12
hair band 28
hammer 37
hamster 75
hand 13
handle 69
hang-glider 58
happy 17
hard 65

hard hat 37
harp 47
hat 29
hazardous waste 102
head 13, 83
headlight 54
hearing 16
heart 15
hedgehog 84
heel 13
helicopter 58
helmet 30, 37
helmeted hornbill 87
hen 75
hermit crab 85
heron 86
hill 104
hip 14
hippopotamus 72
History 33
hit 40
holly 89
home page 70
homes around the world 18
homework 33
honeybee 82
hood 54
horror 52
horse 74
horse chestnut 88
hose 37
hospital 92
hot 16, 101
hot air balloon 59
hot chocolate 22
hotel 93
housefly 82
household objects 20
hovercraft 61
hull 58, 61
hummingbird 87
hydroelectric power 62
hydrofoil 60
ice cream 25
ice hockey 39
icy 101
igloo 18
iguana 76
insects 82
insert 71
instruments 46, 47
intestine 15
iron 65
jacket 29, 31
Japanese empress 30
Japanese samurai warrior 30
jazz 48
jeans 28
jet engine 59
jigsaw puzzle 42
judo 39
juggling balls 42
jump 41
Jupiter 106
kangaroo 73
kettle 20
keyboard 70
keyboard instruments 46
kick 40
kidneys 15
kilt 31
kimono 30
kingfisher 86
kitchen 19, 20
kite 42
knee 13
kneecap 14
knife 20
koi 79
Komodo dragon 76
ladle 20
ladybird 83
lake 99
lamb 24
landing gear 58
landing skid 58
landscape features 104
landscapes and habitats 98
laptop 71
laughing 17
launchpad 108
lavender 89
lawyer 35
leaf 91
leaf stalk 91
leather 64
leaves 89
leg 13
leggings 28
leisure 42
lemon *(tree)* 89
lemons 26
lemur 84
lentils 23
leopard 72
lessons 33
lever 69
license plate 54
life support system 108
light pollution 103
lily 90
lion 73
liquid outer core 104
liver 15
living room 19
lizard 76
llama 73
load 69
lobster 80
log off 71
log on 71
loud 16
lung 15
lunge 40
machinery sheds 97
machines 68, 69
mackerel 79
magazine 42
magnetic 65
mailbox 94
main cable 67
main courses 24, 25
maize 96
mammals 72
manned maneuvering unit 108
manta ray 78
mantis shrimp 80
mantle 104
maracas 47
Mars 106
Mars rover 109
mask 36
mast 60
materials 64, 65
Math 33, 111
measurement 112
meat 23
meatballs 24
medicine 21
medieval knight 30
medieval queen 30
memory stick 71
Mercury 106
meteor 107
microlight 59
microphone 50
milk 22
milking shed 97
Milky Way 107
mimosa 89
minaret 67
minnow 79
mischievous 17
mixer truck 57
mobile phone 71
model 42
modeling clay 45
molten lava 105
momentum 68
monitor screen 50
monkey 72
months 112
moon 107
moon lander 109
moor 99
moped 55
mosque 67
mosquito 83
moss 91
moth 82, 84
mother 10, 11
motor 63
motorboat 60
motorcycle 54
mountain 98
mountain-rescue dog 75
mouse *(animal)* 75
mouse *(computer)* 70
mouth 12
movies 50
movie theater 93
MP3 player 42, 71
muscle 14
museum 92
Music 33
music and dance 48
musical instruments 46
nasty 16
natural gas 63
nature documentary 53
nautilus 80
neck 13
neon tetra 79
Neptune 107
news program 53
newsstand 94, 95
newt 77
nice 16
nocturnal creatures 84
noise pollution 102
nose 12
notebook 33
novel 42
nuclear energy 63
numbers 110
nurse 35

oak 88
oats 23
ocean 98, 105
octopus 80
office 92
oil 63
oil paints 45
oil spill 103
ointment 21
olive *(tree)* 89
omelette 25
onion 26
opaque 65
opposites 115
oranges 27
orchid 90
organ 46
organs 15
ostrich 87
owl 85
paddle 41
paella 24
pagoda 66
paintbrush 45
palace 67
palette 45
palm 88
pampas grass 91
pancakes 25
pangolin 73
panpipes 46
pansy 90
panther 73
paper 64
parakeet 75
parapet 66
parking lot 93
parking meter 94
parrot 75
parts of a car 54
parts of a fish 79
parts of a flowering plant 91
parts of a ship 61
passenger jet 59
passenger vehicles 54
pasta 23
paste 71
pastels 45
pavement 94
peaches 26
peacock 86
pears 27
peas 26
pelican 87
pen 33
penalty 39
pencil 33
penguin 87
peppers 26
percussion instruments 47
pesticide poisoning 102
pet shop 95
petal 91
pharmacy 95
photograph 44
piano 46
pickaxe 97
pier 67
pike 79
pills 21
pine 88
piranha 79
pivot 69
pizza 24
plain 104
planet Earth 104
plants 90
plastic 64
plateau 104
poison dart frog 77
polar bear 72
polar region 99
police car 57
police officer 35
pollution and conservation 102
pond skater 82
pop 48
poppy 90
porcupine 85
porthole 61
portrait 44
position words 115
possum 85
poster 32
post office 94
potato chips 23
potatoes 23, 27, 96
power 62
praying mantis 82
print 71
printer 70
producer 50
project 33
propeller 58
properties of materials 65
proud 17
puff adder 77
puffin 87
pull 68
pulley 69
pumpkins 26, 96
push 68
python 77
quad bike 97
quiet 16
raccoon 85
racket 42
radiation 102
radiator grill 54
radio antenna 67
rainforest 98
rainy 100
rake 97
rap 49
rapids 99
recycling 103
redwood 88
referee 39
reggae 49
reporter 35
reptiles and amphibians 76
restaurant 93
reuse 103
rhinoceros 72
ribs 14
rice 23, 96
ride 41
river 99
road 94
robin 86
rock *(music)* 48
rocket 108
roller 56
rollerblades 42
roof 19, 66
root 89, 91
rooster 75
rope 69
rose 90
roseate spoonbill 87
rosemary 89
rotor blade 58
rough 65
roundhouse 18
rowboat 61
rubber 64
rubber clogs 36
rudder 59
rugby 38
ruler 33
sad 17
sail 58, 60
sailboard 60
sailing dinghy 61
salad 25
salamander 76
salmon 79
salty 16
sandals 30
sandwich 24
sardine 79
sari 31
satellite dish 66
satellites 109
Saturn 107
saucepan 20
save *(computer)* 71
save *(soccer)* 39
saw 37
saxophone 46
scales 79
scalpel 36
scan 71
scared 17
scarf 29
scenery 50
school 32, 92
Science 33
science fiction and fantasy 52
score *(goal)* 39
scorpion 84
screen 70
screwdriver 37
scroll 71
sculpture 45
scythe 97
sea creatures 80
sea cucumber 80
sea snake 80
sea spider 80
sea turtle 80
seahorse 80
seal 80
seaplane 58
search 70
seashore 98
seasons 112
senses and feelings 16
shampoo 21
shapes 114
sharp 16
sheep 74
sheepdog 74
shin 14
shiny 65
ships, boats, and other craft 60

shirt 28
shoe store 95
shoes 28
shoot *(sport)* 41
shops 95
shorts 29
shoulder 13
shovel 97
shower 19
shower gel 21
shrubs 88
side mirror 54
sieve 20
sight 16
silly 17
silo 97
silver 65
simple machines 69
singer 50
sink 19
sister 10
sitar 47
skate 41
skateboard 42
skeleton 14
sketch 44
sketch pad 45
ski 41
ski lift 55
skin 27
skirt 29
skull 14
skunk 84
skyscraper 67
sloth 73
slug 84
small animals 75
small pits 26, 27
smell 16
smoggy 100
smokestack 61
smooth 65
snacks 24
snakes 77
sneakers 28
snorkel 36
snowplow 57
snowmobile 57
snowy 100
soap 21
soccer 38, 39
soccer ball 42
socks 29
soda 22
soft 16, 65
solar energy 62
solar system 106
solid inner core 104
solid lava 105
soul 49
sound engineer 50
soup 24
sour 16
soybeans 96
space 107, 108
space probe 109
space shuttle 109
space station 109
space travel 108
space suit 108
space suit control module 108
spaghetti 25
spatula 20
spell check 71
spine 14
sponge 21
spoon 20
sports 38
sports car 54
sports in action 40
sports program 53
spotlight 50
squirrel 73
stables 97
stadium 93
stage 50
stage manager 50
stained glass 45
stapler 33
star 107, 114
star-nosed mole 73
station wagon 54
steak 24
steamer 20
steel 65
stem 27, 91
stepbrother 11
stepfather 11
stepsister 11
stern 61
stick insect 82
still life 44
stilt house 18
stinger 82
stinging nettle soup 25
stomach 13, 15
stone 65
stove 19
strawberries 26
stream 99
street 94
streetlight 94
stringed instruments 47
strut 59
subway 54
sugarcane 96
suit 31
suit of armor 30
Sun 106
sunflower 90
sunny 100
supermarket 93
surf *(Internet)* 70
surgeon 36
surgical gown 36
surprised 17
suspender cable 67
suspension bridge 67
SUV 55
swallow *(bird)* 86
swamp 99
sweatshirt 28
sweet 16
sweet shop 95
sweetcorn 27
sweets 23
swimming 39
switch 63
swordfish 78
sycamore 89
synagogue 66
synthesizer 46
tabla 47
table 19
tablet 71
tail fin *(airplane)* 59
tail fin *(fish)* 79
talk show 53
tambourine 47
tanker 60
tap dancing 49
tapas 25
tapestry 45
tarsier 85
taste 16
taxi 55
tea 22
teacher 35
Technology 33
teeth 12
television 19
temperate climate 101
temperature 101
temple 66
tennis 38
tepee 18
textbook 33
theater 50
thigh 14
thorax 83
throw 40
thrusters 108
thunderstorm 101
tidal energy 62
tie 31
tights 29
time 112, 113
timetable 32
tire 54
toad 77
toes 13
tofu 25
toga 30
toilet 19
tomatoes 26
tool belt 37
tool tether 108
toothbrush 21
toothpaste 21
top hat 31
tornado 101
tortoise 76
touch 16
tower 67
towns and cities 92
toy store 95
tracksuit top 29
tractor 97
tractor/trailer 57
train 55
transparent 65
trash can 94
trees and shrubs 88
tributary 99
trike 59
tropical climate 101
trout 79
trumpet 46
trunk *(car)* 54
trunk *(tree)* 89
T-shirt 29
tulip 90
tuna 78
turban 31
turkey 75
turret 66

turtle ... 76
TV shows and films ... **52**
TV, film, and theater ... **50, 52**
tweet ... 70
type ... 71
uncle ... 11
upload ... 70
Uranus ... 107
valley ... 104
vampire bat ... 84
van ... 54
vegetables ... 23, 26, 96
vehicles ... **54, 56, 97**
veil ... 31
Venus ... 106
vest ... 31
veterinarian ... 34
violin ... 47
visor ... 37
volcano ... **105**
volleyball ... 38
vulture ... 87
walrus ... 80
warm ... 101
wasp ... 82
water ... 22
water buffalo ... 74
water contamination ... 102
water lily ... 90
watercolor landscape ... 44
watercolors ... 45
waterfall ... 99
watermelon ... 27
waterproof ... 65
waterproof flashlight ... 36
wax ... 64
weather ... **100**
weather satellite ... 109
wedding dress ... 31
weight belt ... 36
wet ... 16
wet suit ... 36
whale shark ... 80
wheat ... 96
wheel ... 69
wheel and axle ... **69**
wheelbarrow ... 97
whiteboard ... 33
wi-fi ... 70
wind instruments ... **46**
wind power ... 62
window ... 19, 67
windpipe ... 15
windshield ... 54
windshield wiper ... 54
wing ... 59
wire ... 63
wok ... 20
wood ... 64
woodland ... 98
woodpecker ... 86
wool ... 64
work ... **34**
work equipment and clothing ... **36**
working animals ... **75**
working vehicles ... **56**
world music ... 49
wrap ... 24
wrench ... 37
wrist ... 13
writing pad ... 33
yacht ... 60
yew ... 88
yogurt ... 23
yo-yo ... 42
yurt ... 18
zebra ... 73

First edition for the United States and Canada published in 2014 by B.E.S. Publishing
The Oxford Children's Spanish-English Visual Dictionary was originally published in English in 2013.
This edition is published by arrangement with Oxford University Press.

First published in 2013 by Oxford University Press, Great Clarendon Street, Oxford OX2 6DP

© Oxford University Press 2013

All artwork by Dynamo Design Ltd.
Cover images: Spanish flag, Globe Trotter, LLC/Shutterstock.com. Magnifying glass, Vjom/Shutterstock.com.
All others Dynamo Design Ltd.
Developed with, and English text by, Jane Bingham and White-Thomson Publishing Ltd.
Translated by Carmen Fernández Marsden

Sourcebooks and the colophon are registered trademarks of Sourcebooks.

All rights reserved. No part of this book may be reproduced in any form
or by any means without the written permission of the copyright owner.

Published by Sourcebooks eXplore, an imprint of Sourcebooks Kids
P.O. Box 4410, Naperville, Illinois 60567-4410 (630) 961-3900 • sourcebookskids.com

ISBN: 978-1-4380-0452-5

Library of Congress Control No. 2013948529

Date of Manufacture: November 2023
Manufactured by: Heshan Astros Printing Ltd., Guangdong, China

Printed in China
10 9 8 7